U0115557

话说 **内蒙古**

乌兰察布市

商都县

薛万元 ◎ 主编

内蒙古人民出版社

图书在版编目 (CIP) 数据

话说内蒙古．商都县 / 薛万元主编．-- 呼和浩特 :
内蒙古人民出版社，2017.10
ISBN 978-7-204-15051-9

Ⅰ．①话… Ⅱ．①薛… Ⅲ．①商都县－概况 Ⅳ．
① K922.6

中国版本图书馆 CIP 数据核字 (2017) 第 252125 号

话说内蒙古·商都县
HUASHUO NEIMENGGU SHANGDUXIAN

丛书策划	吉日木图　郭　刚	
策划编辑	田建群　张　钧　南　丁　王　瑶　贾大明	
本册主编	薛万元	
责任编辑	张　钧　李　鑫	
责任监印	王丽燕	
封面设计	南　丁	
版式设计	安立新	
丛书名题字	马继武	
蒙古文题字	哈斯毕力格	
出版发行	内蒙古人民出版社	
地　　址	呼和浩特市新城区中山东路 8 号波士名人国际 B 座 5 楼	
印　　刷	内蒙古恩科赛美好印刷有限公司	
开　　本	710mm×1000mm　1/16	
印　　张	15.5	
字　　数	235 千	
版　　次	2017 年 10 月第 1 版	
印　　次	2017 年 11 月第 1 次印刷	
印　　数	1—4000 册	
书　　号	ISBN 978-7-204-15051-9	
定　　价	58.00 元	

图书营销部联系电话：（0471）3946267 3946269
如发现印装质量问题，请与我社联系。联系电话：（0471）3946120 3946124
网址：http://www.impph.com

《话说内蒙古·商都县》
编撰委员会

编委会主任：靳前斌　曹凯宏

编委会副主任：熊　威　张　云　翁占斌　贾益顶
　　　　　　　任海清　王　利

主　编：薛万元

编　委：宋小利（特约）　张　祥　郭玉宽　郭冬雨
　　　　田少君　王文涛　马琛琛　张建新　张燕矗
　　　　包　亮

总 序

内蒙古自治区是我国第一个省级少数民族自治地区。全区共划分为9个地级市、3个盟、2个计划单列市，下辖52个旗（其中包括鄂伦春、鄂温克、莫力达瓦达斡尔3个少数民族自治旗），17个县，11个盟（市）辖县级市，23个市辖区，共103个旗、县、市辖区，首府呼和浩特市。

内蒙古东西直线距离2400千米，南北跨度1700千米，土地总面积118.3万平方千米。广袤的土地蕴含着丰富的自然资源：从东到西的森林、草原、沙漠等地形地貌，天然地形成了独特的旅游资源；丰富的煤、铅、锌、稀土、风力等矿产资源和清洁能源，为煤化工产业、有色金属产业、清洁能源产业的发展提供了支撑。地跨"三北"（东北、华北、西北），毗邻八个省区，与俄罗斯、蒙古国接壤，国境线长达4200千米，有努力建成我国向北开放的重要桥头堡和充满活力的沿边经济带的天然区位优势。依托于气候、优质土壤和草场、水源充足等优势，农牧业的发展已融入现代化建设当中。

这是一方自然资源丰富的沃土，它是北方少数民族生息和发展的中心地域，孕育了游牧文明、草原文化，在与农耕文化的不断碰撞中，相互融合，相互促进，共同谱写了中华文明的恢宏乐章。仰韶文化、红山文化是中华史前文化的一部分，战国时期赵武灵王着胡服、学骑射，两汉与匈奴交往、和亲，两晋南北朝的鲜卑建立了雄踞北方的北魏王朝，隋唐与突厥建立了宗藩关系，契丹民族建立了辽代政权，蒙古民族创立了疆域广阔的大元王朝，明清与鞑靼、瓦剌等民族建立了藩属关系——历史上，北方少数民族或雄踞一方与中原交好，或入主中原，在不断风起云涌中铸就了内蒙古丰富、厚重的历史文化魂魄。进入近现代以后，内蒙古也走在抗敌御侮的前沿，为新中国的成立做出了巨大贡献。

这份丰厚的历史积淀当中，涌现了诸多杰出人物，他们或是一方霸主，统领一域；或是一代天骄，建万世之基；或是贤良能臣，辅助建国大业；或是时势英雄，救人民于水火；或是在各自领域内创造历史价值的名人雅士。这些人有耶律阿保机、成吉思汗、忽必烈、哲别、术赤、耶律楚材、乌兰夫、李裕智，尹湛纳希、玛拉沁夫、纳·赛音朝克图等等。

物华天宝，人杰地灵。广袤的土地除了养育了一代代的草原人，也成就了它丰富的地域文化：马头琴音乐、呼麦、长调等民族音乐，好来宝、二人台、达斡尔族乌钦等曲艺，安代舞、顶碗舞等民族舞蹈，刺绣、剪纸、民族乐器制作、生活用具制作等传统工艺，蒙医药、正骨术等传统医药医术，婚丧嫁娶等独特的礼仪习俗。内蒙古在音乐舞蹈、民间艺术、文学史诗、传统医药、手工技艺、民俗风情等方面都创造了独有的成就。

悠久历史文化滋养下的内蒙古，在党的领导下，迈向新的历史征程。内蒙古自治区成立以来，党和国家一直重视内蒙古的发展，也给予各类政策和经济支持，内蒙古也不负众望，各项事业均取得了令人瞩目的成就：经济保持平稳增长，人民的生活水平不断提高；民主法治得到有效推动；建立了具有民族特色的教育体系，民族教育水平不断提高；民生改善工作成绩斐然；生态文明建设取得较大成就；四通八达的立体交通网，把内蒙古与世界各地拉近……

纵观几千年历史，内蒙古在历史的长河中扮演了重要的角色，这不仅源于自然条件的得天独厚，也源于草原儿女的自立自强。虽然这片沃土上的民族大多以口耳相传的方式传承着自己的文化，但是仍有不少历史的碎片撒落在当地的史籍当中，这些史料汇集成册，将成为向世人介绍内蒙古的名片。为此，我们组织全区103个旗县（市区）的有关部门和专家学者，借助各地的丰富史料，把散见于各种资料中的人文历史、民俗文化、民间艺术、壮丽风光、当代风采、支柱产业等等汇编在一起，编纂出一套能够代表内蒙古总体面貌、能够反映时代特色和文化大区风范的大型读物——《话说内蒙古》，以展示我区经济发展、文化繁荣、民族团结、边疆安宁、生态文明、各族人民幸福生活的六大风景线。

一本书，一支笔浓缩的仅仅是精华中的精华，万不足以穷尽所有旗县（市区）的方方面面。若本书为你敞开一扇了解内蒙古之窗，那么，读万卷书不如行万里路，内蒙古将以最大的热情迎接你：

赛拜侬——

欢迎你到草原来！

序

习近平总书记曾经说过，"历史就是历史，历史不能任意选择。"因此我们在叙写历史的时候一定要尊重历史事实、总结历史教训，从中汲取有益于加强修养、做好工作的智慧和力量。具体到我们这一代人来讲，就是要在全面深化改革的新形势下，认真借鉴和总结过去治乱兴衰的经验，满怀信心地接过先辈肩上的担子，责无旁贷地去完成他们的未竟之业。

鉴于此，《话说内蒙古·商都县》依据商都历史文化的发展脉络，选取各个历史时期的重大历史事件和重要建设成果，全景式展示了在商都大地上所发生的巨大历史变革。

值得一提的是，尽管商都地处塞外高寒地区，可是由于四世达赖喇嘛就诞生在这里，加之清王朝又一心想要借助藏传佛教的力量来巩固自身的统治，于是仅在康熙年间，数以千计的佛教寺庙如同雨后春笋一般在察哈尔草原上很快就形成了气候——由此可见，商都地区的文化既不同于纯粹的草原文化，又有别于传统的农耕文化，而是具有一种水乳交融的多元文化特质。这种多元文化特质既传承了晋商文化的滥觞，又移植了燕赵文化的细胞；既经受过游牧文化的熏陶，也浸染过移民文化的洗礼——特别是由于商都地区自古以来就是大漠南北与中原地区融合交流的缓冲地带，因此对地域文化的理解就应当放到更加广阔的历史视野中去详加论证分析——加之现代社会所讲的文化几乎将大到社会风尚、小到风土人情全都囊括在内了，所以要讲商都县的地域文化特征，那便是介于农区与牧区之间、介于汉族与少数民族之间的一种兼容并蓄的文化——也是内蒙古自治区之所以能够长期民族团结、社会和谐、经济高速发展的重要保证——正因为共同的文化认同、共同的价值认同早已经将蒙汉各族人民紧密地联系到了一起，所以各民族繁荣发展、共同携手进步自然也就变成了顺理成章的事情。

尤为可贵的是，采取图文并茂的"话说"形式来宣传商都、介绍商都确属改进宣传手段的创新之举——尽管当摄影技术刚一进入人们的视野，不少有识之士就开始借助镜头的魔力来捕捉五彩缤纷的人间万象了，但追求真实完美、追求形象直观和精彩震撼能够演化成为一种经久不衰的时尚，并日益扩展到现实生活的各个领域，也确实是冰冻三尺非一日之功；而编著者之所以能够乐此不疲地涉足这一领域，并且呕心沥血地通过各种渠道收罗和筛选出这么多无比珍贵的历史文献资料，也无非是想要借助于非物质文化遗产这种独特的艺术形式和其生动、直观的特点，高保真地再现商都地区的民俗风情和历史人文景观，进而激励和鞭策全县各族干部群众承前启后继往开来、万众一心与时俱进，为早日脱贫致富达小康做出自己应有的贡献。

当然，由于时间仓促、资料匮乏，加之这些工作又大都是利用业余时间来完成的，故而在作品征集的广度和深度乃至作品的系统性、艺术性和多样性等诸多方面都难免尺短寸长挂一漏万——但作为茶余饭后的资谈，起码能够为那些热爱商都、关心商都的各界朋友打开一扇了解商都、熟悉商都的窗口，所以从某种意义上讲，《话说内蒙古·商都县》不失为一张能够让人眼前一亮的文化名片，通过这张名片能够让我们真切地感受到草原文化、农耕文化与晋商文化之间的历史传承和血肉联系，同时也为我们打造地区文化品牌提供了许多可资借鉴的素材。

总之一句话，回眸历史，无论成功的经验还是失败的教训，全都是先辈留给我们的宝贵财富，全都是我们传承革命传统不断开拓创新的精神动力。

中共商都县委书记：
商都县人民政府县长：

目录 Contents

名胜古迹

红色记忆

民俗风情

建设成就

文教览胜

民生荟萃

亮丽风景

后记

谨以此书献给商都县
建县一百周年
（1918—2018 年）

沧海桑田

HUASHUONEIMENGGUshangduxian

沧 海 桑 田
CANGHAISANGTIAN

这里有四世达赖的故乡，这里有也先登基的城阙。在这里，大员铜壶见证了游牧民族的勇猛，风旋卜子遗址开启了新石器的迷宫——蓦然回首，商都大地居然有那么多的历史迷雾。

商都与蒙古帝国的历史纠葛——故事要从成吉思汗黄金家族讲起

故事为什么要从成吉思汗黄金家族讲起呢？难道成吉思汗黄金家族居然会与商都县有什么瓜葛吗？

答案是不仅有，并且关系非常密切。

其实众所周知，在蒙古民族的历史上，除了一代天骄成吉思汗之外，他的四个儿子也都个个出类拔萃，身手不凡。其中长子术赤及其后代开辟了横跨亚欧大陆的钦察汗国，次子察合台及其后代主要掌控着地处中亚腹地的察合台汗国，三子窝阔台及其后代则一直固守着蒙古民族的发祥地窝阔台汗国，而相比之下，要算四子拖雷一门最有出息。不仅拖雷本人就做过代行大汗职权的"监国"，而且他的儿子旭烈兀还建立了横跨亚非两大洲的伊尔汗国，另一个儿子忽必烈建立了空前强大的大元帝国。尽管忽必烈死后，黄金家族内部因争夺汗位曾一度发生过内讧，但自从中兴之主达延汗重新统一蒙古各部之后，黄金家族的正统地位就进一步得到了巩固。特别是达延汗死后，在配合博迪汗征讨兀良哈万户的过程中，达延汗的另一个孙子俺达汗逐渐掌控了现在的内蒙古中西部地区，使其势力范围扩大到了东抵辽河、西迄青海、南达蓟镇，当然也包括商都县在内的广大地区。

不过最让商都人没齿难忘的是，俺达汗的一个曾孙也即四世达赖喇嘛云丹嘉措的籍贯居然就在商都县，难道这还不足以说明商都与成吉思汗黄金家族的关系有多么密切吗！

当然，说起黄金家族的发展变迁，自然绕不开成吉思汗、忽必烈、

成吉思汗

达延汗、俺达汗和林丹汗乃至敢于同清王朝血战到底的布尔尼亲王。

成吉思汗在统一了蒙古各部之后，短短几年时间就荡平了西夏，接着相继攻金、灭辽，一直打到了黄河北岸，随即又在喀勒喀河打败斡罗斯和钦察联军、攻灭了花剌子模，建立了横跨亚欧大陆的蒙古三大汗国。可惜在公元1226年，成吉思汗再次率军攻打西夏时不幸染病身亡，于是一代天骄便从此淡出了人们的视野。

后来尽管成吉思汗的子孙们又数次攻城略地、南征北战，并且在公元1244年之前又在今伊朗、伊拉克以及巴基斯坦一带建立了东至阿姆河、西迄小亚细亚、南抵印度洋、北接钦察汗国的伊尔汗国。然而由于蒙古骑兵掠夺式的讨伐严重破坏了生产力的发展，加之四大汗国之间既缺乏统一有效的制衡机制，又缺乏步调一致的向心力和凝聚力，结果很快就变成了分崩离析、互相攻讦的状况。

这种动荡不安的局势历经太宗、定宗、宪宗三朝以及拖雷、乃马真后和海迷失后三个过渡期，才正式让位于元世祖忽必烈，才真正开创了大元帝国彪炳史册的不朽业绩。

首先，忽必烈是我国少数民族入主中原之后真正实施过有效统治的第一个封建帝王；其次，忽必烈针对游牧民族在上层建筑及国家管理层面的先天不足，刚一即位便很快废弃了蒙古民族的"选汗"制度，转而采行汉法、沿袭汉制，有效规避了统治集团内部的互相残杀，促成了中华民族的又一次大融合；第三，忽必烈治理国家的一系列举措都极具创新意义，比如不分民族不分国籍不拘一格降人才的雄才大略、比如对被统治阶级的相对宽容以及在宗教政策上的兼收并蓄等等都直接或间接地促成了大元帝国的繁荣和稳定；第四，忽必烈的政治文化政策也具有很强的开拓精神，特别是在他执掌朝政三十多年的时间内，几乎每年都要根据不同的季节特征选择在元上都（又称开平或金莲川

府）或元大都（又称北平）举行一系列诸如赛马、行猎、摔跤乃至祭敖包、祭拜天地祖先等各式各样的民族文化活动，以笼络王公贵族、安抚官僚政客，同时接受各国外交使节的朝拜和觐见——这样做尽管要破费不少钱财，但却能够堂而皇之地展现大元帝国的威权，能够迅速提升大元帝国的文化影响力；五是通过修建军事驿道来保障和引导和平年代的商贸交流活动——而所有这一切又都是在兵不血刃的前提下完成的——只可惜忽必烈之后的历任蒙古大汗再也没有展现过这种纵横捭阖的壮志雄心，反倒是那位不是大汗的俺达汗居然在蒙古民族的英雄史册上留下了不可磨灭的印记。

俺达汗又名阿拉坦汗，是右翼济农巴尔斯博罗特的次子，而巴尔斯博罗特又是达延汗的第三个儿子——只是达延汗死后将汗位传给了长孙博迪汗，而巴尔斯博罗特死后则将济农的位置留给了长子衮必里克墨尔根（俺达汗的兄长，又称吉壤），也就是说，博迪、吉壤和俺达都是达延汗的嫡孙。后来俺达和吉壤兄弟先后六次协助博迪汗远征兀良哈，扫平了长期占据杭爱草原的兀良哈万户，并且瓜分了他们的领地、人口和牲畜。在为期二十

多年的讨伐过程中，由于俺达、吉壤功勋卓著，故而被破例分封为"汗"——但这一称谓只是一个地方首脑而非蒙古大汗，因此俺达汗与博迪汗根本就不是一回事。

然而自从肢解了兀良哈万户之后，右翼三万户特别是吉壤、俺达兄弟的势力就日益变得尾大不掉了——后来吉壤一死，俺达就成了整个右翼三万户事实上的领袖。加之博迪汗去世之后，其子达赉逊汗又偏听偏信软弱无能，最终被迫东迁于辽河流域。结果从此之后，整个漠南蒙古包括青海、新疆一带便全都成了俺达汗的势力范围。

不过与他的先辈相比，在俺达汗的一生中，最重要的业绩并非攻城略地成就霸业，而是大力推崇藏传佛教、竭力谋求与明朝通商互市，不断促进经济交流和民族交融等极富远见卓识的宏图大业。

那么俺达汗为什么会对藏传佛教情有独钟呢？

据史料记载，其实最早皈依藏传佛教的是俺达汗的侄孙彻辰鸿台吉。皈依的原因很可能只是为了顺利进兵藏区。后来在公元1517年（隆庆五年）俺达汗会见索南嘉措派来的高僧阿兴喇嘛时才正式决定信奉佛教、皈依三宝。于是上自俺达汗、钟金哈屯，下至王公贵族乃至普通百姓便纷纷投入佛教的怀抱。随即俺达汗又派出使者迎请索南嘉措前来传教，甚至为接待索南嘉措还特意在青海湖畔的察卜齐雅勒修建了一座寺庙（大明王朝赐名"仰华寺"），寺庙落成后，俺达汗和索南嘉措共同主持召开了隆重的入教法会，据说在法会上受戒的蒙古上层居然有数千人之多，其中包括鄂尔多斯、土默特和永邵卜诸部的众多蒙古贵族。

在法会上，俺达汗推崇索南嘉措为"圣识一切瓦齐尔哒喇达赖喇嘛"（表示索南嘉措在显宗、密宗领域均达到了最高境界），并且正式确立了达赖喇嘛的活佛转世系统（认定索南嘉措为三世达赖喇嘛，其前两任分别被推崇为二世、一世达赖喇嘛）。同时索南嘉措也回赠俺达汗"转千金法轮咱克喇瓦尔第彻辰汗"尊号（意即转轮王、聪明睿智之汗王）。于是从此之后，藏传佛教便正式取代萨满教在蒙古漠南地区形成了燎原之势，特别是在俺达汗的根据地归化城周边，更是寺庙林立云遮雾罩，好一派暮鼓晨钟歌舞升平的西天极乐景象。

可是尽管如此，以索南嘉措为代表的黄教格鲁派在整个藏区仍旧处于劣势地位，乃至直到三世达赖喇嘛圆寂时，西藏红教与黄教之间

的斗争依旧龙争虎斗难见分晓。于是为了得到蒙古部众的拥戴和支持，黄教的护法和上师便预言三世达赖喇嘛的转世将在漠南蒙古的察哈尔部落出现。

结果这样一来，短短几年时间就在归化城周边的鄂尔多斯、土默特地区相继建成了大召（弘慈寺）、席力图召（延寿寺）、美岱召（寿灵寺）、庆缘寺等著名的佛教活动场所，于是自从黄教传入蒙古草原以来，上自王公贵族，下至普通百姓，"其幕中居恒祀一佛像，饮食必祭、出入必拜"，藏传佛教对蒙古民族的政治经济和社会文化均产生了极其深远的影响。

或许正是由于看到了藏传佛教的道德驯化力量，所以明朝的统治者也积极扶持喇嘛教向蒙古草原渗透发展——他们不仅无条件地为蒙古上层迎送达赖喇嘛传教讲法提供各种方便，同时还在修建寺庙时无偿提供各种建筑材料、派遣各种技术门类的能工巧匠，甚至还专门在北京设立了印经处、建立了专门制作法器的机构，以期达到不战而屈人之兵的目的。

不过无论如何，大明王朝还是被后金政权给取代了。但清王朝入主中原之后，唯独在对待蒙古民族的驯化策略上与明朝如出一辙。他们不仅参照清朝的八旗制度将集体归附的蒙古人肢解得面目全非，并且不惜一切代价高调扶植黄教格鲁派的势力，这就迫使归附之后的蒙古人注定还要经历一段苦不堪言的艰辛历程。

那么藏传佛教对蒙古民族的生存发展究竟产生过什么样的危害呢？

概括起来，大致可以归纳为如下三个方面：

一是皈依藏传佛教之后的格鲁派喇嘛一律不准娶妻生子，单是这一条就严重制约了蒙古人口的繁衍——没有人口支撑的民族是注定不会有什么希望的。

二是按照格鲁派宣传的不杀生、不械斗、轮回报应等宗教理念，信教群众纷纷沉溺于礼佛祈祷仪式中流连忘返，于是很快就磨灭了蒙古民族与生俱来的尚武精神。

三是由于达赖喇嘛对散居于蒙古草原的部族首领随意赐封"汗"号，结果造成了北元末期"大汗"林立、各自为政，真正的大汗反而下降为普通的部落首领，这对增强蒙古民族的向心力和凝聚力显然都是十分有害的。也正是鉴于这种情况，所以康熙皇帝才说"建一座寺庙就胜过养十万精兵"——或许正是由于看到了这种堪比慢性自杀的巨大危害，所以林丹汗才会弃黄教而改信红教（藏传佛教萨迦派，主张僧人也可以娶妻生子）。

然而由于林丹汗在政治上的急功近利以及在教派选择上的欠缺考虑，结果导致了原本可以缓解蒙古民族人口锐减的萨迦派红教居然在无意中葬送了林丹汗乃至整个蒙古民族的大好前程——而之所以会出现这种情况，除了林丹汗动辄以武力讨伐威逼其骨肉同胞进而造成部落之间离心离德的原因之外，后金政权拉拢诱惑蒙古上层，分化瓦解各蒙古汗国以及明朝皇帝因偏听偏信放弃"联蒙抗金"决策也是最终导致北元政权被各个击破的重要原因。

当然，除了上述原因之外，林丹汗的失败还有一个精神层面的问题也不容回避，那就是格鲁派黄教历经俺达汗父子几十年的惨淡经营，早已经变成了蒙古人不可或缺的精神食粮——甚至在藏传佛教的活佛转世系统中居然会有一位黄金家族的后裔也即俺达汗的曾孙云丹嘉措——可见藏传佛教与蒙古民族的精神生活早已经凝结成为一种血肉相联的关系了——可是在这种情况下，林丹汗居然要公开抵制黄教，其最终结局自然也就不会有什么悬念了。

不过在商都人的眼里，这都仅仅只是一些无关痛痒的学术问题。其实最让商都人感到骄傲和自豪的是，这位黄教领袖居然会是商都人——因为云丹嘉措的生身之地就在目前小海子镇的察汗淖尔一带。

据说当云丹嘉措被正式确认为索南嘉措的转世之后，西藏方面就立即派遣高级侍从想要迎请灵童到西藏就职，但是由于不忍骨肉分离，直到公元1603年，十四岁的云丹嘉措才抵达西藏，正式登上了哲蚌寺甘丹颇章的宝座。

此后不久，班禅洛桑却吉坚赞便从扎什伦布寺启程前来会见云丹嘉措，并在前藏一住就是数年，给云丹嘉措讲授了许多显教密法。

公元1614年，在云丹嘉措二十六岁时，班禅洛桑却吉坚赞给他授了比丘戒；明朝万历皇帝也派遣喇嘛索南洛追等人前来邀请云丹嘉措，并赐封他为"恰达多吉桑结"（遍主金刚佛）称号，同时赐给官帽、官服以及印章并邀请云丹嘉措前往内地讲解经法。但是云丹嘉措不到二十八岁即告圆寂。从此之后，达赖喇嘛的转世灵童就再也没有离开过西藏，于是云丹嘉措便成了唯一的蒙古族达赖喇嘛。

（相关论述详见内蒙古师范大学曹永年教授发表在2005年9月第34卷第5期《内蒙古师范大学学报》上的《四世达赖喇嘛云丹嘉措出生地考》。）

而且无独有偶，除了云丹嘉措这个"唯一"的蒙古族达赖喇嘛之外，

四世达赖喇嘛云丹嘉措

在蒙古民族的历史上还有另一个"唯一"，那便是"唯一"由非黄金家族成员身份出任蒙古大汗的"也先"。

也先原本是蒙古瓦剌部的太师，但在瓦剌部的可汗脱脱不花被其部属沙不丹杀死之后，也先很快就以宫廷政变的形式于景泰四年（公元1453年）自立为汗——也先篡位尽管只有不到一年的时间，但他的名望地位确实高不可攀。特别是由于他发动"土木之变"生擒了明朝的英宗皇帝朱祁镇，曾经一度成为蒙古民族战无不胜的英雄业绩被传为佳话。

不过时过境迁，我们目前所关心的并非战争本身，也并非也先本人。而是也先在"土木之变"前后驻扎在商都境内的大本营"失八儿秃"。

据刘俊、石良先合著的《阴山古道》记载："明朝正统十四年（公

驿站古井

元1449年）时，瓦剌的首领也先太师控制了今乌兰察布地区。也先的活动范围在西起丰州（今呼和浩特地区）东及阳和（今山西省阳高县）的大同边外一带。而位于交通要冲的失八儿秃是其活动大本营，失八儿秃在今乌兰察布市商都县南部。"（详见《阴山古道》182页）

此外在由曹永年教授主编的《内蒙古通史》中也有过类似的推断，在该书第二卷第412页就有这样一段话："英宗第二次出边北狩的行程大致是这样的：由猫儿庄过长城，第二天过威宁海子（即今察右前旗境内的黄旗海）东岸，之后又前行两天，到达今内蒙古商都县境内称为达子营的也先的一个营地。"

经查《商都县志》1994年评审稿，居然真的在原四台坊子乡辖区内发现了一个叫做"达营子"的村庄，这个村庄位于四台坊子乡东南部靠近察汗诺尔北岸约3华里处，目前已经与哈报沟村连为一体了。依据游牧民族逐水草而居的习俗分析，这个被称作"达营子"的村庄在明清时期很可能就是一个牧人的营盘，只是不知道这个"达营子"与《内蒙古通史》所讲的那个"达子营"是不是同一个地方。

更为蹊跷的是，在距离"达营子"大约5华里处的正北方向，还有一座古城遗址。这个遗址东西宽500米、南北长680米，总面积为340000平方米，建造格局几乎与正蓝旗境内的元上都遗址完全一致。而这座古城之所以会被命名为"公主城"，据说仅仅因为"清康熙时，蒙王阿捏公族公主到此探亲故名"。（摘

公主城遗址文物保护标识

引自《商都县事情》第66页）

令人感到费解的是，单单因为一位公主前来探亲就值得兴师动众修建一座城池吗？如果真要这样，那么这位公主所探的这位"亲"那可就大有来头了啊！不过无论如何，有一个铁定不变的事实是：在"清康熙时"这里确实驻有（或者曾经驻有）一位值得公主探视（或凭吊）的大人物，因为"公主"的身份地位起码也要将相帝王方才能够与之匹配，反正绝对不会是普普通通的平头百姓。

噢！也先——这位大人物该不会就是也先可汗吧。

尽管也先只当了一年蒙古可汗，但他篡位登基总得有个仪式、总得有个地方啊！但也先登基的地点至

今还是一个谜团——既然在"清康熙时"还会有"公主"身份的人前来"探亲"，那么公主城可就不单单仅仅只是一座用来"探亲"的"公主城"了。

为了印证这一假说，不妨再援引《阴山古道》对"失八儿秃"所作的推断分析如下："明朝景泰四年（1453年）也先自立为汗，他是以非黄金家族子孙的身份登上了蒙古大汗的宝座，称大元天盛大可汗。次年，也先即死于瓦剌内乱之中，蒙古再度陷于分裂。也先称汗的地点虽无明确记载，但从上述发生的事件推断，应在今乌兰察布境内，而失八儿秃直到也先死前一直为其时的大本营。"

也就是说，公主城在"公主到

地老天荒的察汗诺尔

此探亲"之前的称谓应该就是这个"失八儿秃"，因此"失八儿秃"就是也先登基的地方。而也先之所以会将"失八儿秃"当做他发动战争乃至篡位登基的大本营，关键还是因为"察汗诺尔"。

其实只要你登上"公主城"村后的公鸡山举目望去，周边的自然地理风貌特别是碧波荡漾的察汗诺尔就尽收眼底了。因为对于游牧民族来讲，没有水源就没有了一切，因此只有水域面积达四百五十方里的察汗诺尔（援引数据参阅《商都县事情》第66页）才能容得下也先麾下的千军万马，才能承载得了那么多的牛羊骆驼。更何况除了也先这样的风云人物谁有能力建造这样一座气势恢宏的城池呢（再说也完全没有必要在这个既无帝王陵寝又

非兵家必争之地的荒滩上专门为公主探亲修建一座"公主城"）。

或许正是因为"察汗诺尔"，所以在其正北方向约十公里处的莲花山脚下才会建造那座富丽堂皇的巴达玛木图庙（即小马王庙），而在距小马王庙正北方向约二十公里的地方还有一座马王庙（即哈英海日瓦庙，又叫伊克陶苏图庙，是商都牧群旗的旗庙），可见直到明清两朝，察汗诺尔一带一直都是商都地区的政治文化中心，所以要讲商都县的历史文化那就决不能漠视察汗诺尔的客观存在，要想搞清楚商都地区的历史沿革就绕不开察汗诺尔这片水域。

历史变迁

HUASHUONEIMENGGUshangduxian

历 史 变 迁
LISHIBIANQIAN

作为草原文明与中原文明融合交流的宝贵遗产，在商都地区的文化积淀中既浸染过农耕文化的熏陶，又经受过游牧文化的洗礼；既移植了燕赵文化的细胞，又传承了晋商文化的滥觞。

商贾云集的古驿七台

　　商都系满语"水漩"之音译，"以注入察汗诺尔之水清流急湍、洄漩成文，故蒙人即以满文商都称之"。不过，"注入察汗诺尔之水"尚有许多干道和支流，而且当初"察汗诺尔"的水域面积也远比我们现在看到的要大很多，加之在清朝乾隆年间设立的"商都牧场"又将现在的乌兰察布市化德县以及锡林郭勒盟镶黄旗、河北康宝和尚义县一概囊括在内了，乃至直到民国七年（公元1918年）设县之前，"不冻河"西侧包括现在的商都县城尚属绥远省正黄旗管辖，所以在日据时期编写的《商都县事情》才说商都县"位于察哈尔盟西垂，而实为察绥之交界"。正是基于这种"交界"地位，在1953年中央人民政府决定撤销察哈尔省时，商都县又一度划归河北省张家口地区，直到1962年才正式划归内蒙古自治区管辖。

　　据考古发现推断，早在殷商时期，商都境内就已经有了人类活动的踪迹，汉唐之后相继沦为匈奴、鲜卑、契丹、蒙古等北方少数民族的游牧地。直到清初蒙古内附，商都地区才正式划归察哈尔正黄旗管辖。康熙三十二年（1693年），出

商都老城（七台旧址）简图
商都城池于民国七年创建，池宽一丈二尺，深一丈，周围四千步。城墙以淩泥掘土筑成。

商都老城（七台旧址）简图

于军政联络之需要，朝廷开辟了由张家口通往蒙古乌里雅苏台的阿尔泰军台驿道，在沿途所属的四十四个台站中，有四个台站在商都境内，其中第七个台站明安白兴就在目前的商都县城内，所以商都又有"七台"之称。

梳理商都历史的发展脉络，集中展现了由匈奴、鲜卑、契丹、女真以及蒙古各部落此消彼长优胜劣败的风雨历程。千百年来，他们在商都这片沃土上横刀跃马、追亡逐北，演绎了一阕中原文化与草原文化渗透融合的恢宏乐章，谱写了一首民族文化与地域文化兴微继绝的壮丽诗篇，绘制了一幅农耕文化与游牧文化传承变迁的瑰丽画卷——考古发掘显示，迄今在商都境内已发现古城镇遗址 7 处、古村落遗址 141 处、古墓葬 7 处、古长城遗迹 3 条、古庙宇遗址三处，此外还有陶、瓷、玉、石、铜、木等各类器皿和古钱币等珍贵文物 4.5 万件。这些历史文化遗存密集反映了商都地区无比灿烂的草原文明，铸就了商都人民继往开来、创新发展的民族文化灵魂。

特别是当清王朝被推翻之后，先是在民国四年（1915 年）设立了商都招垦设治局，后来又依据国民政府推行的蒙汉分治政策，于民国七年（1918 年）设立了商都县，从此商都便正式定格于祖国北疆的行政版图上了。

远古时期的商都

商都县的史前古生物化石最初发现于 1958 年。当时，在小海子公社就曾出土过象牙和野牛角化石，此后在西井子公社灰菜沟村也出土过动物化石和树化石。1990 年，在二道洼砖厂又发现了化石群，其中还有一具较为完整的大唇犀化石。1994 年，又在西坊子乡东大井砖厂发现了化石群，出土的化石重达一万余斤，其中有披毛犀、鹿、羚羊、狼、野猪和野马化石。另据八股地乡农民介绍，他们在打井时还发现过鱼类和贝壳化石。

目前商都县出土的各类古生物化石绝大多数属于距今约 7000 年—1 万年前的新生代时期，以各类哺乳类动物为主。鉴于有许多生活于亚热带和暖温带的动物化石出土，所以不难推断商都县在历史上曾一度存在过亚热带或暖温带气候——那时降水充沛、气候炎热，各类哺乳动物在水草丰美的自然环境中繁衍生息，也确曾有过一派水乡泽国的景象。

新石器时期的商都

在 1988 年的文物普查中，分别于章毛勿素、高勿素、十八顷、范

在章毛勿素发掘的新石器时代四人合葬墓

家村、西坊子、屯垦队、八股地和西井子等八个乡镇发现了新石器时期遗址20余处，并采集到大量的陶片和石器。

从采集到的陶片分析，大部分是夹沙灰陶和泥质灰陶，多为罐、盆、瓮、壶等生活用具。这些陶片既有仰韶文化风格（彩陶罐），又有龙山文化特点（叶脉纹、篦点纹、"之"字纹），呈现出明显的南北文化相互交融的时代特征。

在诸多原始社会遗址和出土文物中，尤以章毛勿素乡"风旋卜子2号"遗址的考古价值最大。

该遗址位于原章毛勿素乡政府所在地西北方向3千米处，遗址区呈东西走向带状排列。其中在2号遗址区内，共发掘出陶片和石器200余件，初步复原了8件陶器，计有彩陶罐1件、红陶罐1件、红陶钵2件、泥质灰陶绳纹罐3件、夹沙泥质灰陶罐1件。

更为珍贵的是，考古人员还发掘出土了一个四人合葬墓。经考证，死者为两男两女。其中两男尸在中间呈直肢葬，两女尸在两旁为屈肢葬。在一男尸的头部，有一个破碎的野兽脑壳，脑壳内放有玛瑙质刮削器99个。在另一男尸的身上放有石核1个，身下还压着石镞1个、骨器2件。在两女尸的身下，各发现骨针数枚。据史料介绍，集体合葬兴盛于原始社会后期的整个新石器时代，而死者大腿弯曲的屈肢葬则兴起于新石器时代，兴盛于春秋战国时期。由此推断，早在距今6500-4000年前的原始社会后期的新石器时代，我们的祖先就已经在商都这块土地上留下了自己的生活足迹。

魏晋南北朝时期的商都

公元316年，西晋都城长安被匈奴攻破，于是在此后的130多年，我国北方便陷入了混乱不堪的"五胡十六国"时期。其中由鲜卑族的拓跋部所建立的北魏政权比较强大，并且于公元439年统一了黄河流域。目前在商都地区发现的北魏时期文物主要有一处窖藏和两处墓葬，即

文物工作者在考古现场进行实地考察

在大库伦乡石豁子出土的大员铜壶

大库伦石豁子窖藏和二道洼称干井与四台坊窦家村墓葬。

1983年10月，石豁子村村民李占元在村南500多米处发现了一处窖藏，共出土文物11件。其中有三足铜壶1件，铜壶高32厘米，口径13.8厘米，底径27厘米，腹径38.2厘米，重7.5公斤。其口微敞、方唇、短颈、肩部有对称辅首衔环，并在鼓腹部刻有阴文"大员"二字。同时出土的还有熊足铜盘1件、镂孔器1件（残），另有叶形铁犁3件。

1988年7月，在二道洼称干井村西一千米的西山上，被雨水冲刷出一个古墓葬。该墓石板封顶，为石砌单室墓，长1.98米，宽0.94米，深2米。后来从民间收回失散文物2件，其中有双耳铜釜（锅）1个（残），椎形镶金泡饰1件，当时墓内还有金扣子5枚、铜镞6个，可惜均已散失。

1990年7月，在原四台坊乡窦家村西北3华里处的三道洼又发现了一个古墓葬，共收回失散文物10余件，其中有泥质灰陶罐一件、鎏金带饰5块（1大4小，带饰呈长方形）。

据专家考证，上述窖藏和墓葬均为北魏时期的文物。其中尤以窖藏的"大员"铜壶最为珍贵。从铜壶鼓腹部所刻的"大员"阴文分析，

在我国秦汉时期"大"与"天"同义，"员"与"圆"通用，"大员"即"天圆"之意，体现了中国古代传统的"天圆地方"宇宙观。由此推断，"大员"铜壶应该是北魏鲜卑族首领在举行祭天仪式时所用的一种祭器。

辽金元时期的商都

两宋时期，在我国北方曾先后出现过两个与之长期并存的少数民族政权，即基本与北宋同期由契丹族建立的辽国（916—1125年）和基本与南宋同期由女真族（满族祖先）建立的金国（1115—1234年）。

据史料记载，商都地区在辽代属西京道奉圣州管辖，在金代属西金路管辖，在元代属中书省管辖。在辽、金、元时期的出土文物数量中尤以小海子乡八号村、高勿素乡霍家村、西坊子乡长胜梁和大黑沙土古庙滩四处古村落遗址最为显著。

1980年7月，小海子乡八号村村民张传玉在村西一千米处的古村落遗址发现了一处古钱币窖藏。窖藏古钱币共计39571枚，品种达50多个。其中汉代古币21枚，唐代古币3355枚，五代十国古币58枚，宋代古币36007枚，辽代古币3枚。金代古币127枚。古币中以汉代的半两币年代最为久远，最近的有金代的大定通宝。据考证，这一窖藏属金代窖藏，距今已有八百多年历史。

在商都境内出土的古钱币

在西井子大土城出土的金代白釉盘

1988年文物普查时，在高勿素乡霍家村西发现了一处古村落遗址。在遗址附近征集到古钱币58枚、发簪10余件、"胡记"铜印1枚、"铜权"1个、八思巴文铜印1枚。

其中八思巴文铜印是元朝官方文印，说明该村很可能是通往北方驿道上的一个驿站。由房基中出土的完整尸骨和火烧过的椽头推断，该村落很可能毁于元末的战火之中。

1990年9月，在西坊子乡长胜梁村西的一片滩地发现了一处金代铜钱窖藏，铜钱在土坑内成串放置，上面扣盖着一只铁锅。经整理共计出土古币3523枚，上限唐玄宗时的"开元通宝"，下限金代的"正隆元宝"（该古币发行于金代正隆三年，即公元1158年）。

在大黑沙土古庙滩村西南1千米处以及杨柳湾村西南2.5千米处，也各有一处古村落遗址。出土文物中有饰有白釉和绿釉的大瓮，有饰有白釉、绿釉及白釉上绘有铁锈色花卉的四耳瓷罐，此外还有陶羊、

在西井子乡出土的辽代彩陶钵

陶猪、瓷碗、铜镜、铜桌、铜牛、铜鼎、铜佛像、石磨盘、石碑、砖、瓦、古钱币等等。在古庙滩遗址中，还发现了一处庙址。根据当地群众提供的线索分析，这两处遗址应属辽金元时期的大型村落。

在十八顷前海子村附近辽代墓葬区共发现大型墓葬三处，其中两座木墓、一座石墓。比较有文物价值的是一座保存较为完好的辽代石墓。此墓为石砌圆形单室墓，墓顶为穹窿顶，距地表2米，墓面170度，由墓道、墓门和墓室三部分组成。墓室内放有一具大型石棺，长2.9米，宽1.1米，高0.65米，石板厚0.16米。

石棺内有尸骨一具，尸骨上盖有一块已朽烂的丝织品，尸骨头向朝东，枕着一块裹有赭色丝织品（已朽）的灰砖，面部盖着一面铜镜。颈左侧散有玛瑙珠（似为项链）。左臂处外侧有贝壳两枚，左手持匕首一把，左脚外侧有已朽的铁剪一把和铁熨斗一件。在墓室东南侧有一张木桌，桌面上摆放着两个瓷碗、两个玉盅。在桌前的地面上放着一件釉陶盘，盘中放置着一个木碗。在靠近墓壁处有牛腿瓶两件，内装高粱和谷子。在墓室的西南侧置铁灯一盏，木盆两只。该墓随葬品保存完好，现均存放在商都县文管所内。

此外，在商都县原高勿素乡南梁、水泉梁等地也有十余处辽代墓葬，均遭到一定程度的破坏。1991年，文管部门征集到"高勿素辽墓"出土陶壶1件，辽代白瓷碗1件，辽三彩钵1件；同时还征集到"南梁辽墓"辽白瓷盘1件，小白瓷碗1件，玛瑙珠1粒（死者口中的含物）。

晚清与民国时期的商都

这一时期的文化遗存主要有商都大庙遗址、小庙子遗址以及创建晋义社碑记、郭公新建商都公署碑记、商都县碑和民国时期编撰的《商都县事情》一书。

商都大庙遗址

大庙遗址位于现印刷厂院内，庙宇为砖木结构，由一个正殿、两个偏殿组成。在正殿建有三个神台，其中关帝神台居中，神台下左右两

赶庙会

原巴达玛木图庙独宫一角

侧分别是关平、周仓、陈甫、赵累四尊两米高的塑像。在东西两面墙上绘有桃园三结义、过五关斩六将等壁画。两个偏殿东为奶奶庙、西为龙王庙。庙前是空场，南端是戏台。大庙于民国十八年（1929年）破土动工，当年落成。大庙建成后，每月农历初八、十八、廿八都有人前来敬奉香火。特别是每年四月廿八举办奶奶庙会更是热闹非凡，周围数

十里的群众扶老携幼、抱鸡牵羊赶来参加，各地戏团也纷纷赶来助兴，所以四月二十八的奶奶庙会其实也是一年一度的大型物资交流会。该庙于1964年被当做"四旧"拆毁。

小马王庙遗址

小马王庙（又称巴达玛木图庙）位于十八顷镇小庙子嘎查，该庙于乾隆六年开始动工兴建，相继延续了24年方才竣工。庙区占地11.2万平方米，建有8座庙宇，藏有各种经卷470部，鼎盛期有喇嘛500多人。

小马王庙依山峦、傍清泉、面平川，环境优美，风光秀丽，建筑风格尤为别致；整个庙宇雕梁画柱，飞檐流转，富丽堂皇，气势蔚为壮观，据说离庙宇数里之外就可以看到庙脊上金光闪闪的铜顶仙鹤。进入庙区后，更会被巍峨的山门，庄重的白塔和连绵逶迤的高墙所构成的奇绝图画所倾倒。

后来在"文化大革命"时期，

修复后的小马王庙全景

该庙遭到严重破坏。直到党的十一届三中全会之后，商都县才多方筹措资金重新修建了莲蓬寺，并且为小马王庙的宗教活动场所发放了宗教活动许可证，允许加木斯仁、巴图苏等十三位喇嘛常驻寺庙从事各项正当的佛事活动。特别是进入新世纪以来，在县委和县政府的大力支持下，社会各界踊跃布施募捐，又部分恢复了小马王殿堂，改善了僧侣们的居住条件和生活条件，使小马王庙成为商都地区首屈一指的佛教活动场所。

晋义社碑记

"晋义社碑"共两块，石料为灰色大理石，质地坚硬。一块为正文，阴刻真书，字迹工整；另一块记有修建"晋义社"时捐款人的姓名及捐款数额。该碑记录了当时在张家口经商的商人文学山、曹时升、胡云章、王晋源等人于光绪二十九年春（1903年）倡议成立"晋义社"的经过。文学山等人募化铜钱9180千文，在张家口玉带桥一带买地25亩，修建院落一处，盖房15间，于光绪三十一年（1905年）孟秋告竣。修建"晋义社"的主要目的是为了让张库商道上死亡的车夫和驼工有一个收尸停棺的场所，这在当时确实是一件善举。

按碑文记载，"晋义社"应在张家口玉带桥一带。但它在商都出土，很有可能是总社设在张家口，沿途各主要台站也设有分社，因五、六、七、八台均在商都境内，所以它在商都出土也就不足为奇了。

碑文如下：

粤稽西伯出游，得见无主之骨，曰："有天下者，天下为主；有一国者，一国为主；今我即其主矣。"遂命吏以衣冠葬之。因此，四方闻西伯泽及枯骨，会归者莫之能泊。周官设除之职，月□须掩骼之条。天下通都大邑以及商埠之区，均兴掩骸之会。诚见善则迁之，美事也。张垣为北省边陲繁盛要地，其口外西北接大库伦、恰克图，内外通商必由之路；东南联京畿各省，商贾匠艺咸荟萃于此。其间或落魄客死不得归者，□□埋路，子孙不识其所。冬夏风雨多厉，漂吹越数十年，蹂躏不堪。悲哉，骸骨暴露之不免也。人生皆有死，死而正邱，首幸巳。不幸客死，死不得归窆，乃血肉与骨口露，刨蚀残枯，过者莫不比额吁。张垣义之急於创立，而不可久待也。光绪癸卯（1903年）春，商人文公学山，曹公时升，胡公云章、王公晋源，四人倡意建修。因与同乡诸公约会举办，而诸公亦乐意创随。因而协力踌躇，共襄其事。于是出疏募北有恰克图、大库伦及张垣，前后共募化钱玖千壹佰捌拾千文。置到玉带桥左面地名古道渠地基一段，共计地贰拾伍亩。四面筑以围墙，其间经营布置。以为口埋之区。坎位（东面，笔者注）建院一所，上面盖□□□□□□□地藏王菩萨。正殿三楹，左右配以□□斗星君。神阁前面构亭一座，东西修配耳房四间，以为会中人拈香憩息之地。又造东西廊庑十间，傍东另修房院一处，计三面共房十五间。复于殿后面修敞房院数十间，以备客死者寄棺停柩之处。斯役也，兴工自癸卯（1903 年）仲秋之日，乙巳（1905年）孟秋而功程告竣。共计费工料钱玖千贰佰捌拾千文，名之曰："晋义社。"取古人见义必为之意。事毕，同事诸公请予为志，予虽不善于辞，窃思诸公同心协办，乐善勇为，何忍隐而弗彰。略述数语，垂之永久。庶不湮没诸公创建之苦衷，亦可以媲美前人掩骸之遗风焉。若夫可久可大，因是而扩充增置之，则在后三同志者，至社中所置地基，并禀明□县令之案，出示条规。另置小碑一块，立在正殿之南，以及捐金姓名详列各大碑之次，使后世有稽考之尔。授文林郎□，吏部选知县，甲午科举人，遵新海防捐、吏部选授山西大同府怀仁县儒学正堂解全福谨撰，命男汝涵敬书。

经理人（略）

大清光绪三十二年岁次丙午仲秋之日

谷旦吉立

石工李耀泉

谨将募化官绅姓名开列于后

（略）

郭公新建商都公署碑记

该碑是民国六年（1917 年）为纪念商都建立公署而立的记事碑。石碑为青灰色大理石，碑文是工整流畅的真书，保存完整。据碑文介绍，民国初年，商都地区由于外地移民来此定居者日渐其多，农工商业发展迅速，因此再沿袭清代的"马群地"管理方式已不适应时代发展要求，于是民国官员郭秉衡开始着手组建"商都公署"，并完成了与张北、兴和、陶林（察右中旗）三县的县界勘定。

碑文如下：

商都为察哈尔马群地，水草丰盛。蒙人游牧，既生既育，以良马称雄於朔方。初设总辖之，而地方行政不兴焉。有清末季垦务兴，吾民担登而至者益众。适丁蒙匪之乱，不遑居外。尝闻父老之言，吾侪远□于此，以求生计，苟得贤父母庇护，庶可乐业安居乎。居国□基，国家注重边疆，将为吾民谋生聚。越五年，丙辰（1916 年），商都设治，滁州郭公秉衡宰斯，士下车之始，勤政爱民，早眛经营，不遗余力。首以划界为先务，时值坚冰在地，驰驱风雪之中，劳瘁不辞。不数月而疆界勘定，凡张、兴、陶三县商民皆愿依手下。惟地方辽廓，匪警时闻。公以城廓不完，无以为备，愀然忧之。遂于今春规度城基，以资保障。吾民请於公曰："我公来此，倚若长城，可以安绪无恐。惟公办公之所，房屋湫隘，不可久居，请以建署为先。凡我小民，愿供劳役，以速厥成。"而公不忍以工作累民力，请大府发帑□金相度。地势爰就七台台站旧东北建公署焉。鸠工庀材，规模毕备。维时，蒙匪朱成章稫乱张北大青沟，巡防队应之，扰及商都七夕。警、民、商纷纷围迁徙，迷请公暂避匪氛。公以守土之责拒之，星夜请兵保护地方。俄而，匪党张源□驰骑至，见公曰："闻汝尚是好官，不害汝。"公从容与言曰："为官尽职是其本份，生死何足惜。惟我百姓汝母□。"扰匪壮其言，撅械而走。途遇大兵，战败窜而之。北率获就擒，治诸法。事定，吾民复归，走相告曰："地方虽遭匪患，幸未大扰。苟非公座镇其间，吾民无噍类矣。"往视新署无恙，以公之胆壮见其房，其有汾阳之遗风焉。与公治商都甫年余，规划百端，其所以惠爱我民者，将未有己。而是

役也孤守无援，能使匪党信为好官，俾地方转危为安，吾民身受其赐，何可一日忘也。秋九月，新署落成，公迁而居焉。吾民欢欣鼓舞，额手称庆。自愧边都愚氓，无有知识，图以歌颂其万一，惟以俚言俗谚述其事实，并刊诸石敬志不朽焉。

圜邑绅、商、学、蒙汉民
中华民国六年重阳（1917年）
江都董玉书撰
滁州郭成模书

商都县碑

该碑是民国七年（1918年）为纪念商都撤署建县而立的记事碑。碑的用料、体积和碑文字体等均和"公署碑"一样。该碑已断成两截，目前存放在县文管所院内。

"商都县碑"记叙了商都地区的历史沿革及建署设县的原因和经过，为我们了解商都的历史提供了可靠的依据。

碑文如下：

西汉之世，上谷、代郡一带控制匈奴，率皆设县，以资保卫。如上谷之泉上，且居，如代郡之道人，马城、商枎等县皆是。陵谷变迁，干戈蹂躏，昔日城垣雄列，今则变为一片沙漠，伤矣。历代厩嫮，虽地方政策至有□革，而吾侪小民狃于习俗，但知游牧□事耕，詈国家□以外夷视之。有清一代，政尚专

制。吾侪小民亦惟有俯首贴耳而已。其狡悍桀骜之徒，又恃强以为吾民害。边氓困苦匪伊，朝夕安得有一日。昔汉通西域，置酒泉、武威、张掖诸俾，吾民托庇于下，可以长治久安乎。有之自孝感龙公麟振始，龙素抱实边政策。民国四年五月，奉大总统命，总办察哈尔全区垦务。到任以来，规划经营，不遗余力。以为今日立教养之基，非建县治不足以整理庶政。遂以商都为四通八达之区，居中驭外，风气易开；榛莽之野，半多沃壤。上请政府于商都设治，以为立县之基础。适临榆田公秉节斯邦，首以招垦设治为急务，始令巢县吴公创其规。继任滁县郭公，不辞劳瘁，与张北、兴和、陶林三县勘划疆界；建筑衙门、监狱、营房，并挖筑城壕。次第落成，藉保治安。是以领垦大段荒地之，各

县碑修复揭碑仪式

公司、大户踊跃从事，率皆来之远方。不数年，而成聚成邑，蔚然一县城矣。去岁，□户二匪相继判扰地方，危险异常。幸赖郭公守土卫民致死弗去，星夜里请军队防剿，瞬即数平。设非龙公缔造于先，为地择人维持于后，吾侪小民又安能尚无忧如今乎。尝闻三代以上，街谣巷儿虽属朴质，皆歌功颂德之词，至今重诸不朽。吾侪边部之氓，少不读书，何知父母事第。身感龙公之赐□也不忘，谨述其梗概，以当击壤谣，

县碑修复揭碑仪式

民国时期的赏状

民国时期的修了证书

民国时期的委任令

民国时期的聘任状

勒诸贞珉俾后也。士君子过斯城者，犹可以资考证，列诸史乘云。

商邑蒙汉绅民（姓名略）公献

中华民国七年十月谷旦

江苏董玉书撰

滁州郭兰书

《商都县事情》

《商都县事情》是民国二十六年（1937 年）由商都县公署编印的一部县志。编纂委员长为刘荫榛，委员为赵儒元、金绥、邢棣华。县长朱之一为该书作了序。

全书分为十二章，记述了商都县的历史沿革、地志、风俗、山川、河流、气候以及社会经济情况。此外，该书还对民国时期商都县的农、工、商业和交通、教育等方面做了详细介绍，保存了许多珍贵的历史资料，是商都建县以来的第一部县志。

尤其值得注意的是，《商都县事情》作为讲述商都历史的唯一权威孤本，它所采用的历史纪年方法既不是公元纪年法又不是干支纪年法，而是十分罕见的成吉思汗纪年法。据说之所以要采用成吉思汗纪年法，除了编撰此书时恰逢"德王"的"蒙古自治政府"统治时期之外，还因为日本人想要扶持自称是成吉思汗三十五世孙的"德穆楚克栋鲁普"建立一个以蒙古民族为主体的傀儡政府，所以才会执意采用这种

民国时期的商都银行旧址

标新立异的纪元方法。

然而透过这种看似平淡无奇的细枝末节却不难推断商都地区的历史文化定位——既然《商都县事情》的成书时间距成吉思汗叱咤风云的年代只有700多年的时间，可见在商都大地上也确曾见证过成吉思汗横刀立马的场面。

行政沿革及区划变迁

商都县位于内蒙古自治区乌兰察布市东部，地理坐标为北纬41°18′—42°09′，东经113°08′—114°15′之间。县境东西宽约50千米，南北长约90千米，总面积为4353平方千米。

商都县属中温带半干旱大陆性季风气候，年平均气温约3.70℃，年平均降水量约340毫米，年平均蒸发量约2020毫米，年平均无霜期约120天，年平均日照约3000小时，年平均风速约2.6米/秒。

商都县的地势自西北向东南逐渐倾斜，地貌以浅山丘陵为主，间有狭小盆地、丘间宽谷、波状高原和冲击平原，海拔多在1300—1600米之间。较高山脉有麻黄山、青石脑包山、马鬃山、公鸡山、黄龙洞山、元宝山、铜顶山等，较大季节性河流有不冻河、五台河、十八顷河、六台河、铜轱辘河等，相对规整的平原有十八顷平原、小海子平原、八十五号平原、大黑沙土平原、玻璃忽镜平原等，较大湖淖有察汗诺尔、田士沟海子、二吉淖，此外还有较小湖淖39处。

商都在夏商周时为鬼方蛮族之地，春秋战国为燕国北境，两汉、魏、晋、北魏、北齐、后周时属匈奴之漠南，隋唐时隶于鲜卑、或附契丹，

商都县党政大楼

29

原商都县人民政府办公大楼

宋时亦附契丹，元时为蒙古游牧地，属兴和路，明时亦属蒙古游牧地。清初蒙古内附，设察哈尔十二旗群，该地称商都牧群旗，属正黄旗辖境。后来经过清末放荒招垦，商都地区才渐渐被开发出来。到了民国四年（1915年）都统何（公）宗莲本商都牧群之名，呈请在七台设置商都垦务行局兼设治局。民国七年（1918年），经全区垦务总办龙鳞振呈请都统田（公）中玉，改设商都县，

中华人民共和国成立初期的商都县委办公地点

属察哈尔特别区管辖。民国十七年（1928年）察哈尔特别区改为行省，商都即为察哈尔省所辖。

民国二十四年（1935年），驻守在商都镇的国民党宋哲元二十九军骑兵第一团张凌云部闻讯日寇侵占东北并逐渐向华北进犯后，非但不抵抗反而惊慌逃窜。次年1月1日，伪军陈XX团长率兵三百人，在没有任何抵抗的情况下轻而易举地占据了商都县城。1月4日，日本参事官朝场秀二、政治工作班班长冈上携翻译官朱裕文正式接管商都，同日委任刘荫榛为县长代理，商都从此沦陷于日寇统治之下。

1937年"七七事变"之后，日寇从张北向绥远一线进攻。傅作义将军派

1962 年商都县领导班子合影

董其武二一八旅第四三五、四三六两个团于 8 月 14 日由集宁出发攻打商都，于次日下午两点收复了察北重镇商都县城。9 月 14 日，日伪军再次侵犯县城，董其武被迫撤军西返。1939 年，在日寇操纵下，德穆楚克栋鲁普在张家口成立"蒙疆联合自治政府"，商都县隶属于察哈尔盟管辖。

1945 年 8 月中旬，苏蒙联军挺近察北并且于 13 日开进了商都县城，商都县获得了第一次解放。在中国共产党的领导下，商都县迅速建立了人民政权。1946 年 10 月，我军作战略撤退，商都又被国民党占领。在此期间，为了适应新的斗争形势，商都县又在敌后游击区先后与化德县和康保县合并成立商化

康联合县。1949 年 1 月，商都第二次获得解放，正式恢复县区制，隶属于察哈尔省察北专区管辖。

1952 年 11 月，察哈尔省建制撤销，察北与察南专区合并，一同划归张家口专区。1958 年 10 月，

1962 年 4 月《河北日报》刊登文章
《我省调整行政区划》

1984年政协商都县第二届常委会委员合影

商都与张北、康保、沽源、尚义五县合并为张北县，政府所在地为张北县城关镇。

1960年1月，商都与尚义从张北县划出，统称商都县，政府驻地为商都县城关镇，隶属张家口市管辖。1961年5月又将尚义划出，恢复了原坝上五县建制，隶属张家口专区管辖。1962年4月，商都县正式从河北省张家口专区划归内蒙古自治区，隶属乌兰察布盟管辖。

在建县之前很长一段时间，商都地区由于村落零散、人口稀少，经济发展一直非常缓慢。后经政区屡变，至招垦后历经30年，汉人移此垦荒，人口渐增。据民国十四年（1925年）调查，全县计有80000余人；到了民国十五年之后（1926—

1928年），由于溃兵搅扰，盗匪为患，人口呈减少趋势；民国十八年（1929年）终因天灾颗粒无收，迫使蒙人北迁、汉人南移，当时人口仅58000余；直至民国二十二、二十三年（1933-1934年）人口数量才有所回升；据民国二十六年（1937年）12月末调查，实有人口86000人，1949年达162773人。特别是新中国成立以后，在中国共产党的领导下，由于国家安定，人民生活水平不断提高，使人口基数迅速增长，到1990年底全县人口已经达到336370人。期间民族结构亦发生巨大变化，逐渐由单一民族发展为多民族的大家庭。

商都县境古无定域，属察哈尔盟时辖地面积12000平方千米。其

1980年商都县政协领导班子合影

东界尚义属之五台河，南界绥远属之兴和县头号村，西界绥远属之陶林县红格尔图，北界内蒙古之西宿尼属之孤神庙。

商都县的行政区划最早始于五警察区。民国十八年（1929年）全县共98乡1镇。其中第一区设城关镇，第2区设大青沟，第3区设郝二举梁，第4区设屯垦队，第5区设四台坊子。至民国二十三年（1934年）春，德化设治由本县第5区划去14乡村。同时尚义设治又划去第2区全区及第3区6乡。因本县管区缩小，即将剩余之村落归并与邻乡，行政区亦随之变易。除第4区原24乡政区未变改为第2区外，将第3区1部三太昌等4乡划归第1区，共23乡1镇，原第3、第4区所余20乡合并为第3区。至此，全县共

为3区67乡一镇。第1区设城关镇，第2区设屯垦队，第3区设18顷。

1954年，商都县第一次解放时共计设置了8个区。1950年将大黑沙土划回后，全县设有9个区、1个镇。1956年撤区并乡，划为46个乡。1958年8月，改划为9个人民

1951年商都县第十区全体干部合影

33

20世纪80年代的商都县城

公社。后经5县合并分离，于1961年，又划分为22个人民公社。1984年社改乡，将22个人民公社改为21个乡1个镇，下辖324个行政村，717个自然村，91833个居民户。目前，商都县辖6镇4乡、214个村委会、20个社区、694个自然村。县境内有汉、蒙、回、满、藏等12个民族。

商都山川形胜、资源丰富、文风炽盛、人杰地灵。全县拥有耕地和草原面积共计4283平方公里，其中开发耕地3050000亩，居全市第二位。境内不仅分布着门类繁多的食用、药用、纤维、牧草、用材、淀粉、食用菌等植物资源，还有不少爬行类、两栖类、昆虫类等珍贵的动物资源；同时在地下还埋藏着煤、铁、钨、金、锗、锌、锰、硅藻土、石英石、长岭石、萤石、云母、白泥、石墨等金属、非金属矿产资源，其中硅藻土储量丰富，煤、铁、石灰石、石英石、花岗岩、萤石等矿产已得到开发利用并取得了可观的经济效益。

名胜古迹

HUASHUONEIMENGGUshangduxian

名　胜　古　迹
MINGSHENGGUJI

　　商都县历史悠久山川形胜、物产丰富人杰地灵。如今，在全面建成小康社会的伟大历史实践中，勤劳勇敢的商都人民倾心打造祖国北疆亮丽风景线，为繁荣发展文化旅游事业做出了新的贡献。

商都牧群旗的旗庙
——伊克陶苏图庙

　　伊克陶苏图庙，也叫哈英海日瓦庙。该庙在商都县境内。

　　康熙五年（1666年），察哈尔八旗初建时，为朝廷牧养战马，从各旗抽调一千余户，在商都盐湖畔，建起商都马群旗。

　　据传，西藏一名有学问的喇嘛，来到马群旗，看出本旗卜老爷旧家后面的宝音德力格尔山南坡，是一块建造寺庙的吉祥宝地，他就在牧民中化布施，建起了四间大的小独宫。有不少牧民把孩子送到该庙当小喇嘛，后来发展到十几个小喇嘛。康熙三十四年（1695年）发展到

祭敖包

伊克陶苏图庙全景图

五六十名喇嘛。这时的小独宫显得有点小了。他们继续募化布施，在小独宫前面又建起十二间大的独官，从此每天早晨在此诵满吉经。康熙四十八年（1709年），该喇嘛继续建造独官一事通过本旗安本向康熙皇帝禀报，得到康熙皇帝嘉奖。

该庙主供佛是用十六斤重的白银铸造的哈英海日瓦佛，供奉的佛灯香火日夜不停。牧民们崇拜这位喇嘛，称他为活佛。施主越来越多，其中卜老爷向这位喇嘛受戒称师，成为最富最大的施主。

该喇嘛在康熙五十八年（1719年），七十九岁时圆寂，伊克陶苏图庙喇嘛及卜老爷，和众施主们都想迎请该喇嘛的化身（胡毕拉干），但都不知怎样迎请。到乾隆三年（1738年），从该庙喇嘛中选了一名十九岁的叫斯琴的小喇嘛，迎请

其为本寺的"胡毕拉干"。

斯琴胡毕拉干从小聪慧好学，对佛教很虔诚。他去布达拉宫，朝拜七世达赖喇嘛戈拉仑加木苏。达来喇嘛恩赐"乔尔吉"称号，把"格隆"好布日格戒律亲手写在黄缎子上赐予斯琴乔尔吉。斯琴乔尔吉根据达赖喇嘛的旨意，从有名望的寺庙中请了"丹珠尔"经，乾隆十七年（1752年）回到伊克陶苏图庙。回寺后继续扩建寺庙，把小独宫改建为四十九平方丈的大独宫，又增建了不少独宫等建筑。

乾隆五十六年（1791年），马群旗总管官布和斯琴乔尔吉朝拜皇帝，奏明建造十三金甘珠尔大独宫一事，皇帝大悦，赐寺庙住持印章，奖给蒙古文丹珠尔经。这份丹珠尔经在农历六月的经会上，卷卷都开包清理供奉。住持喇嘛的印章，用于公文、

账目凭证之事。

　　旗总管官布把自己供奉的有大白伞的佛像连同十二哈那蒙古包施舍给斯琴乔尔吉喇嘛。

　　雍正三年（1725年），哈英海日瓦庙开始设置管仓甲司的德木齐、尼尔巴，把施主们施舍来的牲畜放牧苏鲁克，到道光元年（1821年），庙财达马一千多匹，牛一百多头，羊两千多只。

　　乾隆五十九年（1794年），请班禅额尔德尼光临该庙，给众多喇嘛、牧民诵经赐圣水。班禅额尔德尼回藏时，路经额尔敦都希，把当地井水点化为圣水井。这时该庙喇嘛已有五百多名。其中不少喇嘛都很有学问。

　　道光七年（1827年），该庙的喇嘛老布仑吉格米德旺布去拉萨，朝拜达赖喇嘛，汇报本寺的宗教活动情况后，达赖喇嘛给老布仑吉格米德旺布"堪布"学位，回来时路经安都的珠尼寺，请回藏文《甘珠尔》经。回寺后喇嘛和牧民们都叫他堪布喇嘛。

　　道光十二年（1832年），堪布喇嘛在本寺新设朝拉拉桑，该拉桑研究经卷，哲学，理论。经学习研究，人才辈出。几年内喇嘛人数已超千人。

　　咸丰十年（1860年），堪布喇嘛又新设了阿格瓦拉桑。光绪二年（1876年），马群旗总管仁钦新建了医学部曼巴拉桑。光绪五年（1879年）仁钦总管又新建了栋克尔拉桑。这样一来，该寺成为佛学五部齐全的大寺庙。五部齐全的大寺庙，喇嘛仁布拉桑出现了用四种语言翻译的古喜；阿格瓦拉桑出现了精通密宗经的阿戈仁巴；满布拉桑出现了

伊克陶苏图庙一角

精通医学四部经典的玛仁巴；栋克尔拉桑出现了用精确数学测卦的扎仁巴，每年都有不少喇嘛陆续获得学位。

伊克陶苏图庙住持第一世即前所述的乔尔吉斯琴传。

斯琴乔尔吉胡毕力干于嘉庆十年（1805年）年八十二岁时圆寂。第二世乔尔吉胡毕力干于嘉庆十八年（1813年）迎请到庙，该喇嘛是商都旗宝音的儿子，光绪七年（1881年）七十六岁时圆寂。第三世乔尔吉胡毕力干，生于本旗格日特老爷家，当时庙里高层喇嘛拿上哈达等礼物迎请乔尔吉胡毕力干时，格日特不同意迎请，从此就中断了迎请乔尔吉胡毕力干的惯例。

光绪十一年（1885年），该庙已有喇嘛一千五百多名，独宫的容量不够，因没有乔尔吉胡毕力干，所以众多喇嘛和管事喇嘛们共同商量扩建中心大独宫一事，并禀报旗衙门后旗大总管准于扩建，大总管在批文中指示中心大独宫扩大到八十一平方丈。全庙立即行动起来，大喇嘛亲自到正红旗布施。到了正红旗最大富户萨满家，萨满提出要和大喇嘛比法力见高低，最后萨满法力不佳，输给大喇嘛，自愿拿出一千两白银做大施主。本寺第二大喇嘛，在本旗和苏尼特右旗，布施回一千多两白银。朝克沁（措钦）殿格布黑吉格木德、大德木齐莫都在本旗东边察哈尔左旗布施回一百两白银和大小牲畜数万头只。旗总管仁钦自己带头，从旗衙门的头头

迁于现址的伊克陶苏图庙

们那儿施舍回每人 1 匹马，50 两银子。动员车马从猎山拉回建一座独官用的全部木料，经过多方努力，终于扩建起 81 平方丈的中心大独官。在新大独官内，格力格扎木苏住持召开了拉巴乃经会，苏尼特右旗和察哈尔各旗施主们云集到经会，施舍了 3000 多两银子，牛马几百头匹。中心独官扩大后，喇嘛人数增加到 1700 多名。各种经会、研究会、讨论会连年不断，众喇嘛的学问不断提高。年轻喇嘛中的古布喜到塔尔寺、拉萨深入学习研究，晋升了学位，如：拉格瓦斯登晋升为"拉哈仁布"，旦必尼玛晋升为"道仁布"，布仁孟和晋升为"拉布金巴"。

光绪二十五年（1899 年），扎木彦萨德巴活佛到北京的消息传来本寺。大喇嘛和旗总管宝德同去拜见并邀请扎木阳萨德巴活佛到伊克陶苏图庙讲经。活佛高兴地接受了邀请，同大喇嘛胡毕拉干和总管一起来到本寺。远近旗群的喇嘛和善男善女施主们络绎不绝云集而来，活佛讲《嘛呢龙》《长寿经》，来者都受益匪浅，喝了圣水，高高兴兴回家。

经过 15 年的时间，佛教事业不断发展，寺庙五个拉桑齐全，喇嘛人数已近 2000 名，庙产有马 1150 匹，牛 105 头，羊 3700 多只。还有从乾隆五年（1740 年）开始，朝廷每月拨香火费白银 200 两，拨款一直延续到 1911 年。民国二年（1913 年）年，国家政治动乱，黑军抢劫了庙仓财产牲畜，把喇嘛家的财产牲畜

41

在伊克陶苏图庙遗址探访农家小院

也都抢光。喇嘛人数下降到1100名，庙财减至马100来匹，牛30头，羊1000只。后又由大喇嘛巴达仁贵、原大喇嘛老布生车仁、二大喇嘛斯仁东日布、错钦格布黑阿尔斯楞、大德木齐玛克麦等人共同搞布施，筹集到1400多两银子用来修缮庙仓，喇嘛们的心情开始好转。民国五年（1916年）邀请西藏拉卜楞荣寺学识渊博的永京活佛喇嘛扎丹阳苏德瓦来本寺，讲经做佛事，寺庙的各项事业复苏，喇嘛人数达1500多名。

民国八年（1919年），旗总管班扎拉克齐和旗总管助理那木斯来、大喇嘛图布登、二大喇嘛苏达那木拉布斯勒、朝克沁独宫格布灰老来、大德木齐朋斯克协同再次邀请永京

活佛来该庙讲《兑克尔王经》。当年6月永京活佛来本寺，诵兑《克尔王经》，在经会上察哈尔八旗牧民，各寺庙喇嘛信徒共一万多名拜佛听经，喝圣水。讲经期间开了5天那达慕大会，256名摔跤手参加竞争，200匹马参加了赛马。从此全旗上下都称永京喇嘛为活佛。

清朝末年，苏荣安本和桑日布敖因官布忠达合伙开垦牧场，首先开垦了从张家口大坝后坡到衣玛河北岸的一大片草场，草场一被开垦，就迎来了大批农民。民国七年（1918年），本旗总管班扎拉齐，正黄旗忠达门都合伙开垦了从衣玛河北岸到扎玛乌素的牧场，该庙南、西两面都变成了农田，从此该庙的牲畜停止了发展。民国九年（1921年），国家给该庙无偿拨了130顷香火地，并与开垦牧场的农民协商，以二八分成的形式，把香火地租给了农民。开始耕种也没多大收获，所以把朝克沁独宫积存的银子拿出来，又买了120亩香火地，寺庙经济自此有所好转。

这时正黄旗忠达门都伙同汉人明泽、鬼子李偷卖庙地，也有人抢占庙地，告到旗里衙门也解决不了，无奈后来又请镶黄旗年轻喇嘛管理庙地，但仍没有扭转衰败的经济。

特木尔宝力德当总管后于民国

十二年（1923 年），继续放垦。从扎玛乌素到化德、陶鲁盖乌素、灰腾阿玛牧场，本旗牧民被迫第三次北迁，因而该庙已被农村包围成孤岛，农村匪徒强盗四起，喇嘛减少到不足千人。

民国十四年（1925 年），洪四虎带领几百名土匪进庙，把独官内包柱子的毯子、坐垫、仓甲司的一切能拿的物品一扫而光，连喇嘛们家里的衣物、日用品，银钱都全部抢光，用十辆马车拉走，至此庙仓和喇嘛们一贫如洗。庙内喇嘛剩下不到 100 名了。同时还有拿棍棒的小股土匪蜂拥而起，每天晚上偷抢独官的甘珠尔、金佛、铜佛、本巴、铃铛以及喇嘛们家中的马牛等。再后来苏美龙、肖田天、老蒙古、李北京、邢儿子、毕水子等土匪，经常聚集偷袭哈英海瓦庙、巴达玛木图庙。

伊克陶苏图庙遗址随处可见的残砖断瓦

古稀老人见证伊克陶苏图庙的风雨历程

　　1934年，国民党二十九军的三百多名骑兵来本寺驻防2年，把庙的独官、仓甲司、喇嘛住房糟蹋得一片狼藉。

　　1937年，庙里仅剩200多名喇嘛，连牲畜都没有了，已经无法维持生计。因此，错钦格布黑桑布加木素、大德木齐桑歪达格布和喇嘛们共同商量迁庙问题，并报旗衙门，旗总管特木尔包勒德批准迁庙，并动员牧民家家户户出车，把庙内独官的木料、佛像和一切用品，全部拆迁到旗衙门所在地。

　　管事大喇嘛去世后由朋斯克接任管理大喇嘛，朋斯克和庙内其他负责人商议，找泥瓦木匠签定建庙合同，庙内诸喇嘛到施主家布施，布施回十万多元银大洋。1939年在

旗衙门所在地鲁图建完大部分独官。喇嘛也增加到500多名，羊270只，牛12头，仓甲司也活跃起来了。

　　1940年秋，日本帝国主义的走狗高立明斯，破坏了该庙的亚日乃经会，抓走十几名喇嘛当兵。与此同时，欧来宝力格庙、宝日乔尔吉庙、古希庙的亚日乃经会也遭到破坏，好多喇嘛也被抓走，所以年轻喇嘛们都不愿意在庙当喇嘛了，便回家当了牧民。庙内喇嘛剩下不到200名。

　　中华人民共和国成立后的1951年，干部们说："喇嘛们不能回家，要回家必须有请假条，并且不得超过3天，不能从家拿东西。"这样一来，不少喇嘛还俗当了牧民。庙内只剩下66名喇嘛。后来旗工作队下来，宣传了党的宗教政策后，喇

嘛们不怕革命了，有60名喇嘛回到庙里。中华人民共和国成立后庙产增加了，有羊600多只，牛20多头。

1958年，庙产全部变为集体财产，加入人民公社。公社以每年百分之二的利息、还给庙。喇嘛也自愿组织起来，烧白灰、做蒙古包、做蒙古靴子、做衣服、榨油、修表、鞣皮革、熬胶、加工米面、编织、当铁木匠、画匠、加工颜料等，从事十几种手工业，自食其力搞创收。

1963年到1965年，国家大搞社会主义教育，学习二十三条，随着学习的深入，喇嘛们觉悟有了提高。大多年轻力壮的喇嘛回乡当农牧民，只剩老弱病残，不能参加体力劳动的喇嘛留守寺庙给朝克沁独官点佛灯、诵经。

1966年秋，"文化大革命"时期从旗里来了很多带红卫兵袖章的男女青年，把几名可怜的老喇嘛从家赶出来，撵到朝克沁独官门口，给每人都带上"查玛"面具，并低头站着。把佛塑像都砸碎，佛画像和经卷都烧毁。把从各独官、拉桑搜回的银制哈英海日瓦佛塑像、银供碗、银满达、银饰、银壶、银道德宝、银号、银笛、流金用品、青铜、紫铜、黄铜制品等宝贝物品都堆到朝拉独官。把挨家挨户搜到的经卷、佛画像都烧了，把黄、紫铜用器都

搜到朝拉拉桑。后来这些财物被旗财政局拉回旗内做了处理。喇嘛们被撵回家。1967年，把大小独官、仑甲司的房室全部被拆掉，连砖头瓦片都没有留下。

值得一提的是1958年，内蒙古专门来了几位领导，献衣服缎子、银碗、哈达，从庙内以1年期限借走了蒙文丹珠尔经（注：现存内蒙古社科院），借走时写下了借条。

（老来旦巴著　莫德力图译）

古长城与金代界壕遗址

经文物普查和史料记载，从商都境内穿过的古长城共有三条。第一条从察哈尔右翼后旗红格尔图进入商都县，经西井子乡、屯垦队镇、玻璃忽镜乡进入化德县。这是一条在战国时期赵长城的基础上修筑的秦长城。第二条由察哈尔右翼后旗土牧尔台进入商都县，再经格化司台、大库伦、八股地延伸到了镶黄旗境内。第三条从大库伦乡的十二顷村东和第二条长城分叉，经八股地、卯都，然后沿商化边境南下，至二吉淖村东和第一条长城相接然后进入化德县。第二条和第三条长城均为金代末期女真族为防御崛起于蒙古高原的元势力南侵而掘垒的界壕，所以它的准确称谓应该叫做金代界壕。它在设施上和第一条长城也有区别，一般为内筑墙垣，外

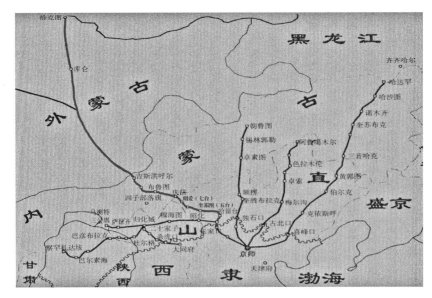

古驿道

挖壕堑式结构。

辽代的历史总共只有452年，但在这如此短暂的时间内，仅商都地区就发现了古城遗址7处，古代村落遗址200余处，辽代墓葬20余处。如此众多的城镇和如此稠密的村落建筑，足以说明当时社会安稳、五谷丰登、六畜兴旺的太平景象。也就是说，早在1000多年前，汉民族就和各兄弟民族共同开创了商都历史上的第一个黄金时期，留下了足以令后人敬仰的丰厚文化遗产。

神奇的铜顶山

铜顶山巍峨挺拔、俊秀迷人，极富传奇色彩，堪称商都第一山。铜顶山是蒙古民族心中永恒的圣山灵山，它庄严肃穆地矗立在塞外草原，看尽世事沧桑的变迁，品味风霜雨雪的苦甜。

铜顶山位于商都北部，属卯都乡管辖，距乡政府所在地卯都村约20多华里。山势东西走向，延展度有限，是铜轱辘山脉的主峰，也是商都北部的最高峰，海拔高度约1600多米。在它的东邻，连绵起伏的群山中，有70年代解放军开挖的秋令沟人防工程；西部约五华里处有成吉思汗边墙遗址，北部与锡林郭勒草原遥遥相望，属蒙汉交界之地；它的南部与大东山和凤凰山呈三足鼎立之势。

铜顶山鹤立鸡群，风姿优雅，引人入胜。初入铜顶山胜地，从南往北仰望，只看到一座褐色的山丘，平淡无奇，毫无动人之处，可是当你走到山脚西边，再跨过山水冲开的一条河沟，然后登山攀岩而上，经过艰辛跋涉，到达铜顶山主峰的时候，心胸便会豁然开朗，登山的疲惫也顿然消失了。其实铜顶山并不是一座孤山，而是山中有山，景中有景，大小有别，各具特色。往南俯瞰，只见静静耸立的五座山错落有致、形貌各异。小山像孩子紧紧偎依在母亲的怀抱，做着甜蜜的美梦。主峰北端的两座山呈人字形排列，就像辛勤劳作的汉子在休息；西北的老汉山主峰东南有一座天然平台，面积约有一百多平方米，乍看就像人工开凿铺砌的一般，似乎在这里曾有亭台楼阁存在过。依铜顶山势走向形成了三条较大的天然沟系，山与沟之间错落有致、鳞次栉比。铜顶山的大小山峦都被褐色岩石覆盖着，经过多年的风吹日晒，岩石表面生出了绿色的苔藓，给整个山群都增添了一层神秘的色彩。

铜顶山的大气在于视野的辽阔。立于山顶极目远眺，方圆百里尽收眼底，大好风光美不胜收。远望元宝山风电站乃至镶黄旗境内的风电杆都依稀可辨；近望西边八股地水库，在太阳的照耀下，像一面镜子银光闪亮，而铜顶山像一位花枝招展的姑娘，照着镜子梳洗打扮；水库下游八股地机械化林场翠绿片片，生机盎然。牧羊人甩着响鞭，吹着口哨在山上放羊，雪白的羊群缓缓地移动，不时听到被惊动而扑棱棱起飞的拌翅清脆的叫声，构成了一道亮丽的风景线。

铜顶山过去比现在更美，这里

铜顶山

曾经有过一片塞外罕见的原始森林，那时的铜顶山草木繁茂，山上有很多动物。每年春夏之际，雨水充沛，铜顶山得益于雨水的滋润，满山遍野都是绿色苍翠、郁郁葱葱，微风荡过绿浪翻滚，一派鸟语花香、生机勃勃的景象。

过去的铜顶山山遍野都生长着各种各样的奇花异草，在岩石缝隙间随处可见酸枣树、榆树、山杨、柳树、松树，还有山韭菜、沙葱葱、野豌豆、酸捞饭（俗名）、红蒿、莲针……这些树木花草，枝繁叶茂，碧绿滴翠。那时的铜顶山就像一位蒙古族少女，穿着绿底蒙古袍镶嵌着红、白、粉、黄、蓝五色花朵，笑迎徐徐的清风婀娜起舞，让人赏心悦目。

那时铜顶山上还栖息着很多野生动物，不仅有黄羊、野狼、狐狸、狍子、野兔经常出没，还有沙鸡、石鸡、野鸡、鹞子、鹌鹑、大雁、拌翅、布谷、喜鹊自由自在地飞来飞去，尤其是神出鬼没的蟒、蛇、壁虎更令人目不暇接、眼花缭乱。如果遇上雨过天晴、阳光明媚的日子，人们就可以相聚一起上铜顶山摘蘑菇、拔山韭菜和沙葱葱，猎捕野兔、狍子、山鸡等飞禽走兽，回家烹调一桌美味佳肴，尽情享用自然赐予的山珍美味。

在铜顶山周邻地区，还流传着这样一个神奇的故事：据说在铜顶山的峰顶有一块方石，它的西北底部有一处二尺大的石坑，坑内一年四季存有清澈甘甜的泉水，人们经常上山畅饮"神泉"之水。坑虽小，但水是用之不竭的。后来有一位山野粗人特地从远方赶来，他独自一人上山找到"神泉"后，先是美美地品尝了甘甜清爽的泉水，但仍然兴致未尽，于是就一遍又一遍地跪在石坑旁洗洗刷刷起来，临行前他又来了个恶作剧，居然解开裤子向石坑内撒了一泡尿，尔后才得意洋洋地准备下山，可是刚刚行至半山腰，草丛中突然蹿出一条青蛇向其袭来。当他被人们发现时已经奄奄一息，最终不幸丢了性命。然而神灵不堪遭此玷污，"神泉"之水从此便枯竭了。

千百年来，铜顶山见证了历史的沧桑变迁和时代的潮涨潮落。早在人迹罕见的远古时期，这里就留下了游牧民族生生不息的足迹。后来蒙古人又在铜顶山主峰的顶端岩石上竖起一根称做"天杆"的木柱，并且在"天杆"的顶端安有风磨铜，后来"天杆"被盗，蒙古人又在原地栽了四根木柱，每根柱头都镶有铜顶。再后来四根木柱也不见了，蒙古族人又在山顶的原处用石块垒

起了两平方米大，高 1.5 米的敖包，敖包上立有五根木桩（中间一根、四周四根），每根木桩的顶部都安有铜帽，在桩与桩之间用绳子连结，绳子上五颜六色的彩带随风飘扬煞是好看。为了保护好山上的神器，先是有位叫三报的蒙古人在铜顶山的东南沟建起了马坊子和羊库伦营子，后来在铜顶山的西北沟又有一位叫谢二宝的蒙古人也建起了营子居住养畜，据说镶黄旗有一位叫丁木齐的蒙古骑兵师师长，曾多次亲自莅临铜顶山拜谒，还将其妹许配给铜顶山东南边张伶沟村的南方移民张二伶子为妻。这也是铜顶山汉族与蒙古族融合、通婚联姻的最好见证。

特别是在清朝末年，由于商都土地平坦肥沃，草场广阔茂盛，加之朝廷鼓励放荒招垦，开始引发人们走西口谋生，于是山西阳高、天镇、应县、浑源、忻州、河北、万全、阳原、怀安等地纷纷有人移居商都。他们以铜顶山为核心择地而居，其中新围子、于家沟、大西沟、海卜子、张伶沟、局子沟等村就集中居住着来自不同地方的移民。然而随着垦荒的日益扩张，发展畜牧业的空间就被大大压缩了，于是居住在铜顶山周边的蒙古人开始北迁到正镶黄旗境内安扎营寨。但时至今日，蒙古族人对铜顶山仍然有着深厚的情结和无限的眷恋。特别是每年农历五月十三日这天，蒙古人成群结队从牧区浩浩荡荡奔赴铜顶山，同时周边村落的汉族人也闻讯而至，大家虽然平时来往不多，甚至互不相识，但因为铜顶山之缘，大家怀着一颗真诚的心共同祭祀敖包，企盼先祖赐给后人平安、富贵、幸福，祝愿国泰民安，繁荣昌盛，这是各民族的共同心愿。（贺瑞）

附：商都县部分生态旅游景观简介

南湖湿地生态苑

南湖湿地生态苑位于商都县城东南，占地面积 1500 亩。其中绿化面积 1270 亩、人工湖占地面积 80 亩、广场占地面积 2.6 万平方米。园内还建有不少亭台楼阁等观景设施。

步入湿地公园，首先耀人眼目的是上书"创建碧水蓝天园林县城，打造宜居宜业魅力七台"的巨幅标语牌。在标语牌下是绿草如茵的湿地保护区，在保护区内偶尔还会听到几声叫不上名的鸟鸣声打破沉寂，勾勒出了一幅灵动飞扬的美丽画卷。

这里仅栽植樟子松、云杉、白桦、杨树、榆树、柳树等树种就有 2.86 万株，铺设草坪、种植景天花草面积达到两万平方米，整理绿化微地形面积 1.85 万平方米。

走到湖边，只见湖水碧波荡漾、水鸟嬉戏翔集，湿地内到处绿树掩映、芳草萋萋，充满了静雅闲适的诗情画意。特别是传统文化与现代艺术手段相搭配的人工生态造景，更是情景交融妙趣横生，是社区群众在茶余饭后开展文化休闲活动的好去处。

不冻河生态旅游风景区

不冻河是商都的母亲河，源于北部浅山丘陵地区部分溪流及洪水。在 20 世纪 50 年代初，不冻河两岸成为农、林、牧、水等各个部门的科学实验基地。1958 年，为了综合利用水利，正式兴建了不冻河水库，还在水库养了鱼，在库区建起了"鱼种养殖场"，此外在果树栽培方面，不冻河林杨的科技人员从外地引进果苗进行栽培试验，到 1963 年多数果树都结了果，当红彤彤的苹果挂满枝头时，商都人民的生活又多了一份精彩。

改革开放以来，经过历届政府的不懈努力，不冻河不仅被改造成了水源涵养区，同时也变成了当地群众休闲娱乐的一大景观。治理保护不冻河，再现天蓝地绿水清的美景，是关系商都百姓幸福生活和永续发展的头等大事，也是县政府的担当和责任。目前，在景区内已经规划实施了人工湖、景观桥、休闲广场、文化墙、滨河道路、河道治理和景区绿化等配套工程。累计建成人工湖一个、景观桥一座、休闲广场四个、凉亭四座，树红砂岩母亲雕像一座，立镇河牛雕塑一座，新建文化墙八百平方米，新修滨河道路 10 公里，治理河道 4.5 公里，栽植杨柳、云杉、金叶榆、樟子松等乔木五万余株，栽植丁香、连翘、珍株梅等灌木四万余穴。

近年来，不冻河经过大规模的

美化绿化和河堰加固工程，已经形成了比较完整的水土流失防治体系，有效阻挡了泥沙流入下游，不仅保护了商都县城数十万人口的安全饮水之源，还有效保护了商化公路、呼海大通道的畅通无阻，并且为周边地区 2.5 万居民的生命财产安全以及 1500 多亩耕地提供了强有力的安全保障。

七台湖

位于商都县七台镇西南两千米处，拥有水域面积约 5000 亩。建有渔业养殖区、果蔬采摘区、沙滩雕塑区以及水上游乐中心、红色教育基地等五大功能区。最近又投资 300 余万元购置了水上游乐器械，并且完成了鸟岛填压工程以及环湖路的规划整修工作，同时在景区入口处特意陈列了部队退役的飞机、大炮、坦克等重型武器装备供游客参观，初步实现了旅游要素的无缝对接。

大石架冰川石林公园

大石架冰川石林公园视野开阔，体量庞大，比较集中的景观区域绵延近 3 千米，计有大型单体石林景观 50 余座。特别是每到夏秋季节，在景观区的山谷沟底到处绿树成荫、溪水潺潺，远山近水与树木花草相映成趣、风光旖旎，是旅游观光、避暑纳凉的理想场所。

德立海度假庄园

庄园位于商都县七台镇土城子村东南方向 500 米处，距县城约 6 千米，占地面积约 2000 亩。建设定位立足草原文化、注重生态平衡，相继开辟了休闲旅游度假区、水上娱乐区、观光农业区、原始草原文化区和生态景观区；常设旅游项目有骑马、射箭、垂钓以及水上游乐、农业观光、滑冰、滑雪等户外活动，同时还可以举办群体性的草原篝火晚会、乌兰牧骑文艺汇演，以及敖包祭祀、那达慕体育赛事等各种公益活动。项目建成投入运营以来，由于管理有方、服务超前，庄园于 2014 年被评为自治区五星级乡村旅游接待户，在 2015 年 9 月又被评为五星级农家庄园。

八一森林公园

公园是在原"军民绿化基地"的基础上经改建（扩建）而成。从 2008 年开始，北京军区与内蒙古自治区人民政府在商都县启动了全区首个 5.5 万亩规模的军民绿化基地建设项目。在建设期间，北京军区的 7000 多名官兵与商都县 4000 多名干部职工本着"商都多种一棵树，京津少落一粒沙"的生态建设理念，携手并肩展开了声势浩大的军民义务植树大会战。在短短 5 年时间就建成了东西长 12 千米、南北宽 4 千

秀美大地锦绣村庄

不冻河之曲径通幽

八股地之天高云淡

泉子沟之层林尽染

元宝山之神仙阵

大石架之鬼斧神工

二忽赛之绿色小康路

八一公园之高不胜寒

南湖秋色

西山流域之天涯芳草

小庙子嘎查之卡通世界

七台湖之水上人家

铜鼎山之山花烂漫

田土沟之冰封大地

鲜花盛开的村庄

麻黄山之独占鳌头

米的绿色长廊，共计栽植各类苗木260万株，成活率均在90%以上。

西苑生态文化旅游观光区

景区位于七台镇东北部，占地面积11700亩，总投资1.4亿元。主要建设项目有游客服务中心、餐饮服务中心、景观游乐区、采摘园、养殖观赏区等等。目前，西苑生态文化旅游观光景区是商都县唯一的国家AAA级旅游景区。

察汗诺尔文化景观区

位于商都县小海子镇东南部，距县城约35千米，与河北省尚义县接壤，是乌兰察布第三大湖泊。由于这里是藏传佛教领袖四世达赖喇嘛云丹嘉措的出生地，加之察汗诺尔周边均为湿地草原，交通便捷，地理位置优越，故而不断有专家学者及旅游投资开发商前来考察论证。目前已签订了项目投资协议书并办理了相关手续。

泉子沟景区

泉子沟位于屯垦队镇西南部，因景区内常年流水潺潺而得名。千百年来，由于大自然的神功造化，景区内的自然景观千姿百态，别具特色，一直是周邻地区的社会贤达消夏避暑的好地方。尤其是在夏秋之际，每当走进泉子沟，扑鼻而来的草香味儿、五彩斑斓的石头花、凉爽宜人的山风轻轻拂动着头发，

让人心旷神怡。

麻黄山景区

位于原大拉子乡土城子村南，因山上盛产麻黄草，故名。麻黄山体颇大、纬向伸展，整个山系由数列平行状的山间谷地组成。其主体在长青沟附近呈鸡爪状依次排列，计有30多座海拔超过1600多米的山峰，其中麻黄山的海拔高度为1794.9米，是商都境内的最高峰。由于麻黄山的山间距离狭窄，沟壑之间多有山涧溪流潺潺流淌，加之明显的火山堆积地貌特征，不失为旅游爱好者观光、度假的理想场所。

此外，在商都县的原生态景点还有青石脑包山（在西井子镇境内）、铜轱辘山（在大库伦乡与卯都乡交界处）、元宝山（在格化司台村南）、喇嘛勿拉山、朝盖脑包山（二山均在玻璃忽镜乡境内）、黄龙洞山（在屯垦队境内）、公鸡山（在大黑沙土镇与十八顷镇交界处）、莲花山（在十八顷镇境内）、大仙爷山（在三大顷乡境内）、牌楼山（在西井子镇境内）等等，其中牌楼的人防工程是全县唯一的军事文化遗存。

红色足迹

话说内蒙古商都县

HUASHUONEIMENGGUshanduxian

红　色　足　迹
HONGSEZUJI

　　这里曾经是绥蒙政府的军事指挥中枢，也是苏联红军出兵中国的战略要冲。在这里，阮家村围歼捷报频传，蒙七师受降千古流芳，还有吉鸿昌、孙兰峰、董其武均与商都结下了不解之缘。

　　每一次踏足这块钟灵毓秀的土地，便会在心头涌起一种故道白云般的凝重和悲怆。因为在七十年前，这里不仅土匪横行兵连祸结，同时还是日伪勾结、制造摩擦的重灾区；这里不仅是两次红格图战役的战略大后方，还发生过万昌元惨案、五区叛乱、七区哗变以及一贯道妖言惑众、唯恐天下不乱的形形色色的案件；特别是格化司台吴家村驻军遗址、玻璃忽镜烈士纪念碑、四台坊吉鸿昌将军住过的农家小院等等都无时无刻提醒我们去重新摩挲那段血脉相连的历史足迹，无时无刻提醒我们去认真反思那段曾经走过的曲折历程。

商都县革命烈士纪念碑

董其武回忆商都攻坚战

商都位于察北，它是察北重镇，也是绥东门户，是国防北线的重要战略要地。商都攻坚战发生于"七七"事变后的8月中旬，它是全面抗战以来，傅作义将军指挥抗击日寇的第一仗，旗开得胜！

1937年7月7日，日本侵略者为了实现吞并全中国的狂妄野心，再一次制造事端，向北平郊区的卢沟桥进攻，酿成"卢沟桥事变"，激起全国人民极大愤慨。蒋介石在全国人民一致要求抗日的强大压力下，接受了中国共产党的抗日主张，形成国共两党第二次合作联合抗日的政治局面。全面的抗日战争开始了。

7月下旬，蒋介石宣布傅作义将军为第七集团军司令，负责国防最左翼察绥前线抗击日寇的任务。归第七集团军指挥的部队，除其自兼军长的第三十五军外，还有防守平绥铁路东段的汤恩伯的第十三军，晋军陈长捷的第七十三师，马延守的独立第七旅，防守张家口的刘汝明的第一四三师，守备天镇的李服膺的第六十八师，此外还有机动兵力，中央军门炳岳的骑六军，晋军赵承绶的骑一军等部。

傅作义将军于8月初，亲率孙兰峰旅开赴平绥线东段作战，命令第二一一旅和二一八旅各抽一个团开往张家口以西之孔家庄、柴沟堡一线，接应平绥东段之我军；命令我率第二一八旅的另外两个团，收复察北商都，进击宝昌，与张家口之刘汝明部密切联系，严密监视并相机阻击自热河经察北向西进犯之敌，在国防北线相机收复商都。其战略意图：第一、占领商都，便守住了绥东的大门，既可巩固绥远的战略防御，又可加强国防左翼第一线的战略进攻。第二、对张家口和平绥线东段进行策应，以威胁敌人侧背。同时，加强与张家口的联系，以保证南口方面侧背的安全。一开始作这样的布置，说明傅作义将军的远大战略眼光，作战计划也是周密的。

8月10日，我率二一八旅的第四三五、四三六两个团，自集宁出发，因躲避敌机侦察和轰炸，决定夜间行军。11日晨到达距商都六十里地区宿营，我召集营长以上干部布置战斗任务，以李作栋的四三六团为第一线，许书庭的四三五团为预备队，采取夜间奇袭的战法，第四三六团隐蔽接近城墙，迅速登城后，第四三五团跟进，扩大战果，占领全城。如奇袭不成即改强攻。时间定在13日夜间。

我军在出发前，傅军长曾向全

旅官兵讲过话，大意是："百灵庙大捷"后，全国抗日的形势很好，日本侵略者灭亡我国的野心越来越猖狂，我们要本着宁做战死鬼、不做亡国奴的决心，要把抗战开始的第一仗打好。所以这次出发后，官兵的爱国热情高昂，杀敌的意志坚决。在行军中，携带着云梯，背负着弹药、口粮等，长途行军，负荷很重，但官兵们情绪热烈，精神抖擞，都有初战必胜的决心。

第二天夜间，部队进至离商都20余里的一片草地上宿营，13日晚10时，派出尖兵班搜索前进。午夜，各部到达预定位置，旅指挥部设在离城两公里的一处断壁残垣的废址上。

第四三六团王建业的第二营负责城西门的正面攻击，他以五、六连主攻，四连为预备队；刘富星的第一营在西北城角侧攻。14日凌晨3时，我下达攻击命令，这正是农历七月上旬的后半夜，半轮月亮已经西沉。

商都守敌为尹宝山的伪蒙骑兵师，还有日本一个步兵分队，一个宪兵小队，共约一千七八百人。

商都的城墙，是板筑夯土建成的，实际是个土围子，但是很坚固，墙厚约3米多，高约6米，墙上的每个垛口均有射击孔，城上有交通壕。城外挖有深宽各3米的外壕，壕中蓄水，城门有吊桥。我攻城的第二营五、六两连，按奇袭要求，在黑夜中由下往上，爬上斜坡向西偏门南突击，到外壕边上，城上敌人岗哨发现黑影，连喊口令，城下不应，当即鸣枪，城下也以枪还击，于是枪声大作，守敌以机枪组成火网，向我方密集扫射，以致六连越过外壕的爬不上城，没过外壕的不能前进。率队登城的团副王兴臂部中弹，一名排长也受了伤，均倒于城根。在第一线指挥的李作栋团长见此情况于我大为不利，忙令第二营营长王建业立即通知五、六连停止进攻，把部队撤到二百米外的预备队所在位置，并用电话向我请示下一步办法。恰于此时，到城西北角一营了解情况的旅部参谋卫景林也来电话报告，一营一连临近城壕，即被城上守敌发现，敌居高临下，以机、步枪交相阻击，该连前进受阻，也有伤亡。我接到两边报告，得知我方目标暴露，已被城上敌哨发现，奇袭已不可能，便决定按预定计划，由袭击战改为攻坚战。命令炮兵上去，一、二营集中炮火将城墙轰开一个缺口，以一个连自突破口冲进，登上城墙，向左右冲杀消灭城上之敌。一个连冲进后，向前伸展歼灭城内之敌，预备队随即跟进，扩大战果。这时天已大亮，命令下达后，各连炮兵一齐轰击，一时炮声隆隆，烟层滚滚。六连连长胡维德在城墙未被打开缺口前，在烟雾中敌机枪不能发挥威力的一刹那，带全连越过壕沟，搭设云梯，强行登城，敌军发现后猛烈射击，胡连长在云梯上被手榴弹打中，摔下阵亡。一个排长也受重伤，士兵亦伤亡不少，强行登城又受挫折。我在指挥部南边一小高地上，以望远镜瞭望战斗现场情况，主要是炮兵命中率不高，几门炮又未能集中一个点轰击，有的炮弹打进城内，有的炮弹打中城墙，只打出一个个坑，既轰不开缺口，对城上敌兵也构不成较大威胁。而步兵杀敌心切，认为烟雾中敌人看不清，即过早地越壕爬墙，以致造成重大伤亡，主要原因是我对炮兵了解不足。另外，太阳从东方升起，我军自西方迎着刺眼的阳光攻击，睁不开眼，敌人背着光线，目标看得清楚，这当然也对我不利。看到这种情况，我马上下命令后撤，在斜坡上构筑简单工事，此刻与敌形成对峙局面。

9时许，正当我军分散构筑工事之时，敌机五架飞临上空轰炸扫射。与此同时，敌城内炮兵将炮安置在汽车上流动发射，给我军的攻城造成一定的威胁。

我军奇袭不成，强攻又受挫，前沿第四三六团普遍有急躁情绪，要求继续猛攻，我命令他们尽量设法抢运伤员，并命士兵抓紧喝水吃干粮休息，听候命令。

这时，我想起历史上曹刿说的"一鼓作气，再而衰，三而竭"的话。第四三六团一上来士气昂扬，现在两个回合，没有成功，从情绪来看，再这样硬碰硬地强攻，只是徒增伤亡。我决定改行如下作战方案：把生力军第四三五团调上去，令一个营迂回到东南角，一个营绕到东北角，在炮火掩护下南北西三个方面同时进攻，而以第四三六团两个营仍在西面伴攻，炮火主要射击城垛，压制守敌火力。我命令四三五团多带云梯和过壕跳板，爬上云梯后，主要以手榴弹向垛口两侧投掷，压制其火力，抽一个连，向东监视敌援。

正午12时，三颗红色信号弹在西门上空发出，各营所有号兵吹起进攻号，南北西三面炮火齐鸣，烟雾弥漫，号声震天，杀声震地，西门王建业营的机枪不断向垛口的枪眼点射击，步枪射手也瞄准枪眼阻击。城上守敌的枪声减弱，王营原来的任务是伴攻，但六连为了给连长排长报仇，怀着满腔怒火，看到城上火力减弱，断定敌有撤退模样，便奋不顾身地将伴攻变成真攻，越过壕沟登梯爬城，最先登上城头。

我军发动总攻时，城内居民在炮声、枪声、号声、呐喊声中，纷纷往东门逃避，这时日军分队正在午饭，忽听城外喊声连天，城内大乱，以为我军已打入城内，急忙爬上汽车，打开东门，向康保方向逃去。尹宝山的伪蒙军，在我军全面攻势下，本已动摇，一见鬼子汽车开走，更加惊慌，司令部已乱成一团，尹宝山忙下令撤退，自己和几个随从首先上马，冲出东门，惶惶如丧家之犬，奔逃而去。

下午2时胜利结束战斗，我军连续作战十多个小时，经过三个回合，完全收复了察北重镇——商都县城。此役毙伤敌230余人，俘伪军50余人，日本顾问官和士兵各一名，战马100余匹，迫击炮3门，机枪3挺，马步枪若干，军用物资无算。下午2时许，我率旅部人员进城。一路上看到损失严重，一名连长阵亡，团副、连长各一名、排长3名负伤，死亡士兵200余人。我一面擦着眼泪，一面命令有关人员掩埋死者，安抚伤兵。

抗战开始第一仗，攻克了商都，有人说是旗开得胜，马到成功，我却认为这一仗打得并不理想。第一，作战前与友军缺乏联系，以致做出不恰当的奇袭方案。原来在我旅进

攻商都之前数日，驻于绥东北一带的赵承绶骑兵军之一部，曾在商都、康保间一度进行袭扰。因之商都守敌加强了戒备——城上增加了岗哨，外壕灌满了水。日军一个步兵小分队也临时增援而来，形成深沟高垒的防卫较强的力量。赵承绶骑兵的这次活动，未向总部报告。我旅同赵部又没有联系，侦察人员事前也未发觉，以致作出奇袭的计划，一上来便为守敌发觉，没能奏效。第二，由山西拨来的炮兵，他们的技术水平和炮的性能，我未能充分掌握，强攻时，既打不开缺口，也压不住敌人火力。再加面向阳光进攻和地形不利种种原因，受到不应有的损失。如果事前消息灵通，考虑周到，对敌情摸得更清楚些，有些损失是完全可以减少或避免的。所以，这一仗虽然拿下了商都，给我的教训是深刻的。

时值酷暑，骄阳似火，特别是中午，我方官兵冒着暑热，浴血奋战，忍饥受饿，勇猛战斗，满怀抗日激情，前仆后继，"宁做战死鬼，不做亡国奴"的精神，表现得极为旺盛。城内居民，在我军进城后，烧茶煮饭，争先恐后地慰劳我爱国官兵，此情此景，亦使我至今难忘！

但也应该看到，这一仗虽然对敌判断不足，付出了相当大的代价，

63

遭受了本应避免的损失，然而初战必胜，乃系兵家所力争。商都第一战之胜利，大大地挫败敌锋，大大地振奋了我军的士气。

商都初战告捷，是有其历史意义的。

曾经有过两次解放的商都县

抗战胜利之后，商都县先后经历了两次解放。第一次是在1945年8月22日我军配合苏蒙联军迫使驻守在商都七台的蒙七师缴械投降，同时赶跑了国民党接收大员，一举解放了商都县城；但不久之后就爆发了全面内战，于是我军主动撤离七台，直到1949年1月5日我"商化康"联合县支队才第二次占领了县城，商都县才最终得以解放。

解放军战士在商都县举办荣誉展览会

第一次解放

1945年抗日战争后期，德、意、日法西斯军队在欧洲和太平洋地区均遭受到了毁灭性的打击。在我八路军、新四军以及抗日军民的强大攻击下，商都日伪政权于7月间调进蒙七师一个团约300多人和当地警察驻守，企图做垂死挣扎。8月初，苏蒙联军宣布对日作战，一支一千多人的部队乘七十多辆汽车穿过锡林郭勒和乌兰察布大草原直奔商都县城。当时伪七师师长达密凌苏龙住在他的总管府十二苏木村。苏蒙军得悉这一情况后，又取道土木尔台向达密凌苏龙的住地进军。部队一面做好战斗准备，一面捎信给达密凌苏龙要求他缴械投降。这时由绥蒙军区派去的中共地下党员雷宜之（商都县委书记）同志已对达密凌苏龙做了大量的思想政治工作，加之达本人也不甘死心塌地为日本侵略者卖命，因此很快和部下商妥，于晚间派人送出口信，表示愿意投诚。并且约定于次日清晨恭候苏蒙军开进总管府商议具体交接事宜。经过商谈，达师长答应将其兵马全部集中到商都投降，并在总管府设宴招待苏蒙联军。饭后，苏蒙联军给总管府留下若干蒙古银元，随后达密凌苏龙与苏蒙军一同赶赴商都。此时伪警察已经逃跑，我绥蒙军区骑兵旅一部由政治部主任袁光同志率领，绥东纵队一连由司令员刘苏同志率领，察东分区由门振铃同志率领，察北军分区一部由副司令员柴书林同志率领，先后来商都开展接管工作，商都县随即宣告解放。

纪念章

商都县解放后，在中国共产党的领导下，建立了各级人民政权，首先由新组建的察北地委任命门振铃同志为县委书记，罗仲群同志任县长，随即领导全县人民开展了一系列民主改革和反封建斗争，在安定社会秩序，发展经济生产，繁荣文化教育等方面做了大量工作。但是就在社会改革全面展开的时候，国民党反动派撕毁停战协议，集中兵力向解放区发动了大规模的进攻。1946年9月，绥远国民党军队调兵遣将，攻打集宁，占领了集宁之后又沿平绥线继续向东进犯。鉴于敌强我弱，我军奉命于10月15日撤出商都县城，转移到商都北部农牧区一带进行游击战争。

第二次解放

我军撤出商都后，经过两年多艰苦卓绝的游击战争，有力地削弱了敌人的有生力量。至1948年10月间，在我军战略反攻的胜利形势下，当时商（都）化（德）康（保）联合县的游击区逐渐扩大，县城内的敌伪主力也在逐渐撤离，只有伪大乡和伪保警队三个连的兵力和一些伪职人员龟缩到县城内苟延残喘。我内蒙骑兵十一师抓住有利时机，于10月份向商都县城发动了第一次攻击战。结果仅用了几个小时就占领了县城，把敌人打进伪保警队驻地（原人民银行、法院所在地）。因该据点易守难攻，敌人拼命反击，为了减少损失，我军占据县城一天后，奉命暂时撤出。

1949年1月1日，商化康联合支队从张北出发向商都进军，第二天在高勿素与国民党退兵一百多人相遇，经过追歼，彻底消灭了这股敌人；1月5日下午，我军第二次解放了商都县城。

解放军进城后，严格执行"三大纪律，八项注意"，保护工商业，保护人民财产，恢复正常秩序。新组建的商都县政府工作人员也随军入城宣传党的政策，深入街道召开工商业者座谈会，使店铺迅速营业，恢复了经济活力，并逐步开展了"土改、镇反"等群众运动。从此，商都人民受侵略、受压迫、受剥削的日子一去不复返了。

苏蒙联军与绥东纵队会师商都

1945年8月8日至10日，苏联和蒙古先后对日宣战，并于11日

苏蒙联军进驻商都留念

开进了二连浩特。然后兵分两路，一路经西苏旗直插商都，一路经化德向张家口方向进发。得知这一消息后，冀晋军区派纵队司令员刘苏同志带兵到商都与苏蒙联军会师，主要任务是协商接收商都，并且请求支援抗击国民党军队抢夺集宁的企图。刘苏于8月26日到达商都附近之后，先派翻译持公函进城与苏联红军联络，苏军约定我军暂驻城外，只让刘苏带翻译、警卫员、马夫和地方干部王宗云进城。当时驻守商都的有苏联红军一个机械化师和一个蒙古旅。我军进城时，苏蒙联军大部队已开往张北，只留下苏联红军一个排看管已被解除了武装的伪军并负责处理一些地方工作，指挥这个排的是一位苏军少校。

后经双方协商，苏军同意我军接收商都。在接管仪式上，刘苏带领部队和地方工作人员从南门进城，苏军少校带领红军战士和少数地方人员列队欢迎。我军进城后，住在原伪军团部（现商都县党校旧址），院内有一排砖造平房，苏联红军都住在这里。那位红军少校约40岁上下，身着呢料苏式校官服，头戴大沿帽，脚穿黑皮鞋，腰扎武装带并且配有一把苏式手枪，肩章是两道杠一个花。刘苏同志则身穿八路军土布灰色服装，腿扎绑带，脚穿便鞋，腰扎皮带，挎一个黄色牛皮背包，带一支手枪，着装显然是游击队打扮。

进城仪式之后，刘苏立即与红军少校进行了会谈，在会谈过程中，刘苏一方面感谢苏联红军解放商都，一方面通报了国民党反动派为抢夺胜利果实，正在向集宁进军的紧急军情，故请迅速派红军支援据守集宁并帮助解放大同。苏方答应一起去张北请示师团部。

苏军少校于8月28日乘车从十二苏木返回商部并且押回两个日本特务。29日晨，苏军少校和刘苏同志便押着两个日本特务乘卡车由商都出发，途经化德、康保驶向张北县城。

8月30日上午，刘苏在张北县见到了苏联红军师团长，师团长听过刘苏要求苏军派兵支援的请示之后，建议刘苏去张家口请求援助。

在次日上午，红军师团部即派车把刘苏同志送到了张家口并见到了我平北军区司令员段苏权和冀晋军区司令员郭天明同志。得知集宁已被国民党抢占，但一连还在商都，刘苏火速归队，以防不测。

与苏蒙联军会师之后，虽然苏军没有答应我们的要求，但是对消灭日伪残部、阻止国民党军队抢占商都还是起到了决定性作用。

苏美龙攻打七台城

1945年秋天，正当商都人民欢庆胜利之际，苏美龙匪军两千余人流窜到商都境内，并且扬言要在旧历七月十五日夜晚攻打七台。消息传开，各界人士无不恐惧万分，但坚守城池的信心坚定。大家意识到一旦城池被土匪攻破，他们的生命财产必然遭受浩劫。所以经过绅士、商会和军警头目开会研究，最后一致决议死守城池，击退匪军。

会议决定后即由警察防守第一线，蒙古军留守人员坚守其营房，由商会负责后勤供给。匪军在约定时间内未获城内回复，便于旧历七月十五日晚开始攻城。战斗打响后，曾有一股20多人的匪徒从城西冲到了县衙门口（即旧县政府门前），结果被守城警察切断其退路，然后包歼了入城之匪。战斗持续到天亮之后，匪军看无利可图，便停止进攻，又撤回到骆驼盘、干干梁一带。

次日夜晚，天空布满了乌云，在淅淅沥沥的小雨中匪军继续攻城，结果攻打一夜，再告失败。

第三天（旧历七月十七）早上，一辆载有苏蒙联军的军车由化德来到商都。当匪军再次发起进攻时，苏蒙联军便用转盘机枪向匪军疯狂扫射，于是匪军的士气更加低落，守城者的情绪愈加高昂，最后匪军被迫放弃攻城，仓皇逃遁。

第四天，得知苏蒙联军来到商都的消息之后，城镇居民奔走相告，商都人民终于迎来了第一次解放。

血洗万昌元

万昌元村是距县城东北四十多公里的一个小村落。1945年冬，正当共产党解放察北之际，一些匪徒摇身一变，又打起国民党的旗号，开始向人民举起了屠刀。

为了保卫革命成果，各解放区纷纷采取武装人民的方针给各村配备枪支，并建立联庄组织自卫。

由于万昌元是连接六、七两区的交通要道，因而区政府不仅在此地建起了联庄，还拨付了不少枪支弹药，很快就组成了一支实力较强的武装力量。

在1945年农历十一月的某一天，区小队的赵山等十多名同志押送十多车物资经过万昌元村，恰巧遇到住在附近十号村的土匪100多人，由于土匪距东山较近，故而抢先占领了制高点，然后居高临下向区小队猛烈开火——正在这万分危急的紧要关头，万昌元联庄的武装力量也赶来助战，土匪一看区小队的援军到了，即刻不战而溃、仓皇逃窜，于是区小队与押送物资的车辆得以安然脱险。不过从此之后，万昌元联庄威名大震，很快就成了人人敬仰的英雄部队。

那时国民党残余部队1000余人正在察北地区烧杀抢掠并到处袭击人民武装。他们于1945年农历腊月

玻璃忽镜七区哗变纪念碑

初一袭击了卯都、二道渠我区政权和区小队之后，又在初二早晨突然包围了万昌元，要万昌元联庄缴出全部武器。万昌元联庄断然拒绝并与敌人发生了枪战。

万昌元当时只是一个仅有23户人家的小村庄，有一道用土板墙筑成的土围子，并且依山势筑成4座岗楼，分布在西南、正西、西北和东北方向。每个岗楼均有4名武装人员把守，配有大枪、火枪各1支。然而就是这么薄弱的武装力量，居然敢与拥有千人之众的敌人展开生死搏斗——他们以一挡百，奋勇回击，全村除妇女、儿童外，凡在家的成年男子全都自觉参加了战斗。

战斗从早晨一直打到傍晚，持续了一整天，共计击毙敌人40多人，打伤敌人不计其数，最后终因寡不敌众，遭受了敌人的血腥屠杀。在这次洗劫中，被杀害的有年过六旬的老人，也有十几岁的儿童。这个仅有二十三户的小村庄一下就有十五户失去了男人，撇下未成年子

女28人。当时家家举哀，人人痛哭。悲惨之状，目不忍睹。

敌军洗劫后刚要离开，就遇到了闻讯赶来的县大队。在追击中，县大队生俘了敌兵三名。据这三名敌兵供认，他们本打算从万昌元村收缴枪支后便要袭击我七区（玻璃忽镜）区政府和区小队。不料在万昌元这个小村碰了大钉子，结果导致阴谋破灭。这个鲜为人知的小村子却以自我牺牲的精神换取了七区革命同志的安全。万昌元人民可歌可泣、英勇献身的精神，至今还为人传颂。

白色恐怖笼罩下的商都

1946年6月，为诱敌深入，我军和地方政府工作人员遵照上级指示精神，主动撤出了商都县城。这时国民党傅作义部派惯匪流窜到商都一带，与当地的土匪、恶霸和还乡人员里勾外联，狼狈为奸，同时混入革命队伍内部的日伪人员、反革命分子及阶级异己分子也误以为变天复辟的时机到来了，于是他们互相勾结，密谋策划，在商都地区掀起了一股反革命复辟逆流。当时发生武装叛乱的有二区（西坊子）、三区（西井子）、五区（格化司台）、六区（卯都）、七区（玻璃忽镜）、八区（十八顷）、九区（高勿素）等七个区。据不完全统计，在这次反革命叛变中，商都县、区两级的干部和武工队员惨遭杀害的就有60多人，其中有县、区领导干部4人，被策反的区小队员有100多人，同时还抢走手枪9支、大枪120多支、战马100多匹，使革命力量遭受了严重的损失。

抗日同盟军进驻商都

1931年"九一八"事变之后，日本侵略者占领了东北三省。1933年春又侵占了热河省。他们侵占了省会承德之后更加肆无忌惮地长驱直入，很快就攻陷了察北的多伦、宝昌和沽源、康保等县城。面对张家口、平津等地相继告急的严峻形势，冯玉祥及其旧部吉鸿昌、方振武、高树勋、张凌云、孙良诚、聂玉玲等人带兵云集张家口一带要求抗战。借此机会，中国共产党也广泛发动平津、晋冀鲁豫等地的爱国青年和相继从东北热河退下来的东北义勇军赶往张家口声援。为了便于采取行动，我地下党组织积极周旋，于1933年5月26日在张家口成立了民众抗日同盟军，编组了十六个军、两个师、两个直属独立团以及革命卫队共计六万多人，号称十万大军，公推冯玉祥为抗日同盟军总司令，并且提出了同盟军的政治主张，即："外抗暴力、内除汉奸卖国贼，武力收复失地，反对妥协投降，取消苛捐杂税，改善工农士兵生活，释放爱国政治犯，保障人民言论、结社、出版、集会和武装自由，以实现民主政权，联合世界反帝力量共同奋斗。"在此基础上，中国共产党又参与组建了抗日同盟军军事委员会，由吉鸿昌任第二军军长兼警备司令和公安局长，张砺生任自卫军军长，派高树勋、余亚农率部进驻商都，并且改组了商都保甲民团，成立了商都自卫军，由刘士毅任自卫军首领。

为了加强对抗日同盟军的领导，当时的中共河北省委还专门组建了一个前线委员会（简称"前委"），由柯庆施任"前委"书记，成员有宣侠父（同盟军军事委员会常委、五师师长）、许权中（同盟军十八师师长）、武止戈（同盟军北路军参谋长）、刘少文、张存实、史汀生、张慕陶（后蜕化为托派）等人。当时被派往同盟军担任要职的中共党员有300余人，他们的主要任务是对同盟军进行政治改造，争取广大工农士兵团结在革命旗帜下，开展群众性的抗日斗争。

同盟军成立后，冯玉祥任命吉鸿昌为北路前敌总指挥，方振武为前敌总司令，于6月21日率军出师北征。"前委"及时组成以吉鸿昌为首的三人领导小组，直接指挥二、

五、十六、十八师讨伐日寇，北征仅一个月时间，就先后攻克了康宝、宝昌、沽源、多伦等旗县。多伦一战告捷，很快就轰动了全国，鼓舞了全国军民抗日救亡的热情，许多爱国人士和团体纷纷致电祝贺。

然而正当抗日同盟军和人民群众庆贺胜利的时候，蒋介石却派出一百多万中央军沿平绥线进逼张家口，同盟军的总指挥冯玉祥在内外夹击的情况下被迫通电下野，将政权移交给了二十九军军长宋哲元。面对这种局势，中共"前委"于8月8日在张家口召开紧急会议，决定把受中国共产党影响的15000多名部队将士全部撤到张北坝上，继续团结抗日。

部队进驻张北后，"前委"及时在二泉井村召开扩大会议，决定成立新的军事委员会，一致推选许权中、宣侠父、刘少文、武止戈、吉鸿昌等七人为领导成员。当时驻在商都的高树勋也致信新的军事委员会，愿意继续一致抗日。会议还提出要创建热察绥边区抗日根据地；决定派张存实打通国际路线，争取国际支援，然后整军备战，会师商都。会后，部队又召开了西进商都的动员会。（也有一部分人主张进军陕北与刘志丹部队会合，另一部分人则主张从平地泉与张家口之间

南下蔚县一带创立根据地），随即于8月26日，由吉鸿昌任军事总指挥，率领同盟军的第五师、十八师、骑兵三师以及卫队共3000多人，由驻地西进商都。

此时方振武已率原抗日救国军（他的旧部）东进独石口。宋哲元在接收了察哈尔地区的行政大权之后，立即坐镇张北县指挥围剿同盟军余部，此时商都守军高树勋、余亚农也背弃诺言，接受了宋哲元的收编。结果当同盟军行进到商都四台坊子村附近时，由于高树勋从中作梗，部队只好暂时休整。

抗日同盟军在商都四台坊子、十八顷、大五号、翁家村一带活动不过数日，但他们爱国抗日的举动和纪律严明的作风给当地群众留下了深刻的印象。据当地村民肖玉斌、张生儒、陈宽等人回忆，吉鸿昌到达四台房子村的时候正值秋收刚刚开始，同盟军一支先遣队约百余人由张家口开进了乌尼圪其翁家村。驻扎在县城的自卫军得到消息后，立即派刘士毅带兵前来游说，结果双方在会谈桌上发生了冲突，最后同盟军收缴了刘士毅的全部人员和武器。然后同盟军连夜赶到四台坊子村，不费吹灰之力就占领了区公所和公安局，接管了炮楼和城门楼，百余名自卫军也只好乖乖地缴械投降。

接着吉鸿昌率领大批骑兵、步兵带着两辆汽车经大青沟、高勿素进驻四台坊。一看有这么多部队进驻，大家难免人心惶惶，东跑西藏。鉴于这种情况，吉鸿昌召集全军当众宣布了四条纪律，即：一不准糟蹋庄稼，老百姓吃啥咱吃啥；二不准打骂群众和随意抓人；三不准抢拿群众的财物和牲畜；四不准玩弄妇女。同时还组织军人向老百姓热情宣讲"要把日本侵略者赶出中国去，誓死不当亡国奴"的抗日宗旨。肖玉斌老人说："吉鸿昌将军就住在我家正房，他个子挺高，身体很魁梧，身穿灰色长袍，头戴灰色礼帽，说话声音很洪亮，待人接物很随和。他也很关心群众疾苦，看见我母亲年老有病，就把自己使用的一支文明拐杖留给我母亲，这支拐杖至今还在我家保存着。吉鸿昌在四台坊子村不仅停留了两个夜晚一个白天，并且还在肖玉斌家召开过一次军官会议。据一个随军勤务兵回忆说，当时主要是要确定行军路线，同时部署整顿纪律的治军方案，甚至在临走前，吉鸿昌还找到村中的当事人询问部队有无刁抢之事，并且一再申明部队人吃、马喂的消费均已记录在案，待日后都要照账付款。

另据肖玉斌老人回忆，当时抗日同盟军的保密工作很严密，吉鸿昌将军进村的时候，人们并不知道他是谁，也不知道他的官职有多大，直至他走了以后，才听司机说，他就是抗日同盟军的北线总指挥——吉鸿昌将军。

内蒙古骑兵十一师的风雨历程

内蒙古骑兵十一师的前身是内蒙古人民自卫军第四支队（以后又改为骑兵第四师），其指挥部曾长期驻扎在商都县格化司台吴家村。这支部队忠诚可靠骁勇善战，在历史上留下了许多可歌可泣的不朽业绩，其赫赫战功从下述战例中即可略窥一斑。

卯都地区截灭战

1946年10月4日，国民党占

关于十一师进驻吴家村的记录

全民皆兵

领了商都县城之后，旋即成立了伪政府。由赵大义出任县长兼察哈尔民运总队司令，由张子敬任民运总队副司令。在10月中旬，为了扩充实力，赵大义纠集驻扎在红格尔图的鄂友山骑兵师，准备从商都出发攻打化德。当路经卯都一带时，被我察北骑三团截住，并遭到迎头痛击。战斗打响后，由张达同志率领的绥蒙骑兵旅也火速赶来增援，结果经过半天的战斗就将赵大义和鄂友山部打得抱头鼠窜溃不成军了，他们退回商都之后好长时间都不敢离开城池一步。

阮家村围歼战

1947年旧历2月20日，国民党商都县"民运工作总队"副司令准备到大陆公司为其母送葬，特意派人带领130多名官兵到大陆公司附近的阮家村、愣柴村和四海坊子禁戒。得知这一情报后，我商化康联合县支队与驻扎在吴家村一带的内蒙古骑兵十一师密切配合，连夜赶到大陆公司附近埋伏下来，准备全部歼灭敌人。但直到天光大亮之后

吴家村近照

依旧不见敌人的踪影，于是便决定撤出包围圈，以便相机行动。可是就在我军向邻近村庄转移的过程中，驻扎在阮家村的敌军便趁机从背后打冷枪，于是我军立即从东西两侧包围了阮家村。这时驻扎在愣柴村的敌人也发现了我军的行踪，于是敌军派七十多人赶来增援。我军在连续两次送书劝降都未能如愿的情况下决定再次组织强攻，结果除了十来名敌兵落荒而逃之外，50 余名敌兵全部被歼，另外还缴获了 50 多条枪、40 多匹战马。我军也有 20 余名指战员在围攻阮家村的战斗中献出了宝贵的生命，其中包括内蒙古骑兵十一师三十三团参谋长图门乌力吉和四连连长朝克斯楞以及年仅 28 岁的札木舍楞。

围歼穆格登宝匪部

1947 年秋天，投靠国民党的穆格登宝匪部经常在锡、察草原一带活动。一天夜间，骑兵十一师接到侦察员报告，说匪部已从宝昌一带流窜到了镶黄旗。由于他们打探到在格化司台一带有我骑兵部队驻扎，所以不敢轻举妄动，正躲藏在该旗一座山崖上露营。获悉这一情报后，我军即刻作出决定准备星夜奇袭敌人。我军根据敌人所占地形，趁夜间从山崖背后分三路摸上去，待拂晓前发起攻击，同时在山口开阔地预先埋伏下一支部队，待敌人溃逃时一网打尽。

当拂晓来临，我军发起总攻时，匪部没有丝毫准备，全都被我埋伏在山口的部队活捉或击毙了。此役

驻军在西井子牌楼一带建设的人防工程遗址

十一师战士 削成义　　　十一师战士 郭建民　　　十一师战士 陶克素

共缴获战马 150 匹、机枪两挺、步枪 100 多支，另有弹药一部。

拔除伪大乡，拖敌援包头

1948 年 2 月，内蒙骑兵十一师和商化康联合县支队接到我蒙汉联军司令部的命令，要求配合晋察冀三纵队和晋绥军区正在进行的包头战役，坚决拖住在察北布防的敌人骑兵师，阻止其增援包头。于是我骑兵十一师和商化康联合支队立即全面出击，搅扰得敌人坐卧不安心惊胆战，并且乘机拔除了王大文村的伪大乡据点。随即我军又进驻格化司台村，向敌人发起了更大规模的反击。随后，在土牧尔台的乡公

所俘获伪蒙古骑兵 50 多人，缴获战马 40 多匹、步枪 40 多支，另有弹药一部。后来我骑兵十一师又奉命沿陶林、武川西进包头，直到包头战役结束后方才返回，圆满完成了上级交给的任务。

中华人民共和国成立前后商都地区的剿匪斗争

商都地区的匪患由来已久。据有关资料记载，丁统领为防御土匪骚扰就专门组建过 108 人的戍守卫队，并且设有队长、副队长、书记等职，由此可以想见土匪危害之烈。后来在军阀混战期间，兵匪勾结越闹越厉害，商都地区就更加兵连祸

1996年原十一师部分老战士、子女们到吴家村参观学习

结居无宁日了。再后来日本人侵占了商都城，为维系统治，他们任凭土匪横行无阻。

　　土匪所到之处，除了绑票抢劫之外，奸淫烧杀无所不为。因此在土匪闹得最凶的时候，农民只得轮流站岗放哨，老百姓形容当时的匪患是："白天躲，黑夜藏，男女老少心胆慌；春天抽空拔茬种，哪有时间来上粪；夏不锄，秋不耕，土地荒芜无收成；既愁吃，又愁穿，一年四季受熬煎。"

　　商都的土匪之所会如此猖獗，究其原因大致有以下几个方面：一是在军阀混战时期没有真正统一的

打靶训练

政权，毗邻旗县各自为政，缺乏关照；二是兵匪串通沆瀣一气，形成了一种官匪互相勾结共同祸害百姓的恶劣生存环境；三是战乱时期大量武器失散民间，致使一些地痞流氓和少数为生活所迫的贫苦人落草为寇、横行不法；四是有地主豪绅为土匪提供庇护，当官兵出动剿匪时，土匪钻进地主的大伙房里摇身一变成了"长短工"，这也是匪、民难以分辨的一个原因。

　　在1945年8月商都获得第一次解放后，土匪仍然是摆在各级政权和人民群众面前的一大祸患。特别是新中国刚成立时，由于日伪警察手里有枪，故而有不少人都与土匪和国民党散兵勾结起来扰乱社会治安，破坏减租减息和农牧业生产。各级党组织采取了"三位一体"的剿匪战略方针即：主力部队、县大队、区村武装协同配合作战，一方出动，各方支援。当时活动在察北一带的主力部队有察北军分区的三个骑兵团和内蒙古骑兵十一师、十六师以及晋绥部队的部分官兵。由于他们遇匪必剿、遇困必援，并协助地方有计划地搞了几次围歼土匪的战斗，所以很快就控制住了局面。

　　第一次剿匪斗争是1945年10月的七大顷战役。当时以察北骑三团为主与商都、兴和等几个县大队

战前动员

联合成立了剿匪纵队，他们在贺龙、吕正操、姚喆等同志所领导的晋绥部队配合下，在兴和县七大顷一带与国民党收编的杂牌军激战一天一夜，生俘敌人2000多名，击毙700多名，活捉了刘、王两个匪团长。

第二次剿匪斗争发生在1945年12月至1946年1月初。当时几个匪首合股纠集了三、四千人，乘苏蒙联军撤军回国之际，流窜到商都、化德一带骚扰。化德县大队配合化德四区、商都五区和六区的武装部队对敌人穷追猛打，共计歼灭匪众1000多人，沉重地打击了敌人的嚣张气焰，彰显了革命政权根除匪患的决心和力量。

经过一年多的剿匪斗争，到1946年10月苏蒙联军撤城前，整个商都地区的局势都比较稳定。撤城后至1949年商都第二次解放前，商化康联合县的人民武装主要是配合正规部与国民党土匪武装打游击战。到1951年镇反运动开始之后，商都地区的土匪基本被肃清，剿匪斗争取得了彻底胜利。

附：商都革命史例之最

一、最早踏上商都县的共产党人——吉鸿昌。1933年6月21日，察哈尔民众抗日同盟军将领吉鸿昌（共产党员）奉命从张家口率部北上，收复被日本侵略者占领的多伦、宝昌、沽源、康保等地，于8月28日路经商都县四台坊子村，暂住两夜一天，在群众中留下深刻印象。

二、最早到商都活动的共产党游击队队员——智文彪。1941年夏天，大青山李井泉支队决定开辟绥东地区。绥东工作团派智文彪同志深入到商都县格化司台一带扩充游击队员和征集军用皮衣等冬装。该同志于一九四二年一月被日伪村长杀害。

三、最早进入商都城活动的共产党领导人——王宗云。1945年5月，晋察冀边区政府决定开辟平绥路根据地，中共雁北地委绥东分委派王宗云同志（时任山西省应县武装部长）两次深入商都，依靠山西老乡的关系开展工作。

四、最早委派到商都的县委书记——雷宜之。1945年6月（商都尚未解放），绥东分委派雷宜之同志任商都县工委书记（即县委书记），领导开展地下工作。

五、最早委派到商都县的县长——封云藩。1945年6月，绥东分委派封云藩同志任商都县县长，领导开展地下工作。

六、最早解放商都的人民军队——察盟支队。1945年8月初，苏蒙联军为了帮助中国最后消灭日寇，越过二连浩特边界线，穿过锡林郭勒大草原，于8月13日进驻商都县城。17日，察蒙办事处主任兼察蒙支队副政委柴书林同志率部同苏军办理交接手续，22日正式接收商都。

七、商都县解放后第一任县委书记——门振铃。在我军接收商都过程中，由于绥蒙军区骑兵旅政治部主任袁光、绥东纵队司令员刘苏以及绥东分区门振铃等同志率领的三支部队也先后进入商都，因此最后商定，由1945年9月新组建的察北地委接管，任命门振铃同志为商都县第一任县委书记。

八、商都县解放后第一任县长——罗仲群。1945年8月商都解放后，绥东区党委派罗仲群同志任商都县长，一月后调离。

九、商都县发展的第一个党员——李更。1945年8月商都解放后，开始建立党的各级组织机构并发展党员。9月，由门振铃和王道山两位同志介绍李更同志加入中国共产党。

十、商都县建立的第一个党支部——城关二村党支部。1946年2月，由一区（城关）区委书记王佃元，区长董凤珠二同志主持，在一区二村成立党支部。梁顺堂任支部书记，杨金海任组织委员，梁田子任宣传委员。

十一、商都县解放后发展党员最多的地区——二区（西坊子区）。商都县第一次解放后至1946年撤城前，二区共发展党员70名，建立党支部27个。

十二、商都县解放后第一任政协主席——门振铃（县委书记兼任）。

十三、商都县解放后第一任非党副县长——张子英。

十四、商都县第一任女副县长——赵思顺。

十五、商都县最早打击封建势力的斗争是反霸清算。1945年9月，商都县解放后，根据当时形势和上级指示，县委领导全县人民在城乡开展了反霸清算和减租减息等群众运动，农村的贫苦农民和城镇的店员、徒工对剥削他们的地主、资本家进行清算斗争，并将清算出的大批粮食、布匹、棉花和衣服等救济了贫苦群众。

十六、商都县最早的土改工作是贯彻"五四"指示即"五四"土改。

1946年5月4日，党中央发出"关于清算、减租及土地问题的指示"，简称"五四"指示，县委于六月间召开会议部署了商都县的"五四"土改工作。在农村首先建立农会组织，通过农会把广大农民组织起来，使他们在党的领导下，开展土改运动。

十七、商都县最早民主选举人民代表是在1946年2月25日。

1945年10月10日，国（民党）共（产党）双方签发"双十"会谈纪要，并决定召开国民大会。按照晋察冀边区行政委员会的部署，解放区要选举出席国民大会代表。商都县于1946年2月开始选举人民代表（当时称国大代表）。这次选举，仅用了六天时间，经过选区划分、宣传动员、选民登记和参选等步骤，全县人民于25日上午以高度的政治热情完成了第一次民主大选举，选出35名优秀的人民代表，参加县级人民代表会议。

十八、商都县最早并县是1947年与化德、康保合并为商化康联合县。

1946年10月我军撤城后，为了适应战时需要，加强领导，以便有力地打击敌人，于1947年1月和9月，先后组成商（都）化（德）联合县和商化康联合县，进行敌后游击战争。

十九、商都县最早受到上级表彰是在解放战争时期的1947年5月4日。这一天，冀热察区党委以第一号文件《关于坚持商都北部工作的干部集体记大功一次的决定》通报全区。

内容大意是：商化联合县以门振铃为首的县委率领200多名干部，配合四支队，孤悬敌后，奋勇斗争。他们在草原冰天雪地中，在敌人不断扫荡突击下，在物资得不到补充、政治上得不到指示的情况下，不悲观、不气馁、不抱怨，凭着对党对人民无限忠诚，以无比的毅力和不怕牺牲的精神，顽强地坚持了该地区的工作，摧毁了敌伪政权，保卫了农民的土地，坚定了群众斗争的信心，为此，决定给全体干部集体记大功一次，并号召全区干部向他们学习。

二十、解放战争时期，经常在商都县境内活动，在群众中印象最深的商都正规部队是内蒙古骑兵十一师（即四支队）。内蒙古骑兵十一师在1946年我军撤城后两年的游击战争中，驰骋于广阔的北部边疆战场，不仅配合了全国的解放战争，而且在保卫商都、化德、康保游击区地方政权，保存党政军有生力量和消灭敌人方面做出了很大贡献。他们直接保护了游击区内各族人民群众的生命财产不受敌人肆意烧杀、抢掠，赢得了商都县蒙汉人民的信任和支持。

二十一、商都县最早一次整党是1947年12月在蓝旗扎克斯台庙进行的。

这次整党有60名党员干部参加，历时30天。整党方法是：在党内外群众批评监督下进行"五查"，即"查思想"、"查立场"、"查作风"、"查阶级"、"查成分"；提出"过五关"的口号，即：过"阶级关系"关、过"风雪严寒"关、过"纯洁党性"关、过"参加土改"关。通过整党，纯洁了党的组织和队伍，密切了党群关系，提高了党的威信，也教育和锻炼了非党干部。为我们党夺取最终胜利打下了牢固的基础。

二十二、商都县第一个支前模范——赵三。赵三同志系商都县章毛勿素乡一卜树村人，1945年入党，曾担任村长、村支部书记等职。1947年我军撤城后，赵三同志始终保持一个共产党员的本色，不畏艰险，一心为我军运送粮食和物资，及时转送情报，为游击战争做出了卓越贡献，曾受到上级多次表扬。1982年，原十一师、十七师领导金巴扎布等同志专门到一卜树村看望了赵三同志，并与他合影留念。

二十三、在商都境内最大的一次战斗是阮家村战斗。1947年3月9日，伪商都县民运工作总队副司令员派130多人到大陆公司村为其母送葬。活动在商都北部的商化联合县支队得悉后，与内蒙古骑兵十一师（四支队）三十一团、三十三团配合，连夜赶到阮家村将敌人团团包围，打进村后仅用一个多小时结束战斗，歼敌64人，其中击毙53人。

二十四、商都县牺牲的第一位县级领导干部——庞艮池。庞艮池同志于1946年8月任商都县农会主

亲切关怀

任，同年九月到七区下乡工作，在玻璃忽镜叛乱中被杀害。

二十五、在我县牺牲的第一个团级干部——扎木斯楞。扎木斯楞同志系蒙古族，是内蒙古骑兵十一师三十一团团长，共产党员，在1947年3月9日阮家村战斗中不幸牺牲，年仅28岁。

二十六、在"商化康"联合县壮烈牺牲的烈士——王志华。王志华同志是河北省涞水县龙门村人，1938年10月入党，曾任村长、青救会主任、民兵中队长和区武装部长等职，1947年9月担任商化康联合县公安局副局长。在1948年10月20日章盖湾战斗中，为掩护部队突围，只身一人抢占聚宝山制高点，吸引敌人，并打退敌人数次进攻，毙敌二人，最后壮烈牺牲在聚宝山顶上。为了纪念这位优秀干部，后人将聚宝山命名为"志华山"。

民俗风情

HUASHUONEIMENGGUShangduxian

民 俗 风 情

MINSUFENGQING

商都地区最早的移民大都来自河北、山西等内地省份，故而在日常生活中随处可见燕赵文化及晋商文化的基因。但由于长期受农耕文化及游牧文化的双重影响，商都幻化出了许多别具一格的民俗风情。

商都地区在婚丧嫁娶等民俗活动中依然沿袭着河北、山西一带的老规矩。但由于商都县地处农耕文化与游牧文化交融磨合的拉锯地带，所以在漫长的文化交流活动中有一些与周邻地区不尽相同的风俗习惯，现将相关习俗简要归纳如下。

饮食习俗

"口外三件宝，莜面山药大皮袄"这句流传甚广的民谚高度浓缩了商都地区的饮食和服饰习惯。

第一"宝"，莜面。莜面不仅含有钙、磷及蛋白质等多种营养成分，并且味道鲜美抗寒耐饿，因此民间有句顺口溜形容说："四十里的莜面三十里的糕，十里的荞面饿断腰"——由于莜面具有这种独特的优势，因而在商都的饮食文化中莜面系列占有得天独厚的地位，并且形成了非常独特的莜面食俗。比如商都人吃莜面讲究"三熟"，即

首先要把莜麦在炒锅里炒熟，然后再把莜面用开水泼熟，最后才把莜面食物上笼蒸熟。由于这"三熟"对于做好莜面都十分重要，故而无论哪个环节不到"火候"都谓之"生莜面"——有人甚至以"尸饭"称之。只有经过"三熟"磨炼的莜面，才算馨香可口的美味佳肴。

莜面的食用方法有很多种，主

莜面系列

要有蒸、煮、烧、烤、焖、拌、炒等几种做法。其中"蒸"可以推窝窝、搓鱼鱼、捏窝头、压饸饹、包饺子、打块垒、擀饨饨、蒸缩缩等等；"煮"可以熬糊糊、搓板鱼儿、余莜面、擀面片等等；"烧"可以打拿糕；"烤"

83

可以旱炒面、烙薄饼、炕锅贴。此外，莜面与山药匹配还可做成山药鱼和莜面饺子、山药莜面块垒或烙山药莜面薄饼、拌山药莜面炒面等等。在上述诸多莜面制成品中，商都人最喜欢的食用方式当数蒸莜面——而吃蒸莜面要讲究搭配凉、热菜肴蘸汤食用。其中凉菜以自家腌制的"腌汤"为主，再调配上陈醋、酱油、韭菜、葱花、蒜泥、胡麻酱面面或油煎辣椒面等佐料，食之口舌生津让人回味无穷；热菜则大多是用山药、葫芦、番瓜、白菜、粉条、猪肉、豆腐、胡萝卜为原料再加上各种调料烩制而成；此外还有羊肉汤、猪肉汤、鸡蛋汤、蘑菇汤、山药丝汤等等不一而足，其中尤以羊肉炖蘑菇汤最为讲究；如果是烂炖的"熬菜"汤或者是莜面蘸菜汤再配以馏（焖）山药，吃起来更是别有一番滋味。

第二"宝"，山药。山药（即土豆）是商都地区的传统高产作物，含有大量淀粉及热能。它既是人们

马铃薯变成了金疙瘩

田边小憩

主食中与莜面联袂的主角，又是副食中兼容性极强的原材料。千百年来，心灵手巧的商都人打造出了色彩斑斓的山药系列文化。比如那句在民间口口相传的俗语"早晨圆头杏脑，中午方楞四角，晚上剥皮拧搅"就活灵活现地把山药的独特地位凸显出来了——其实这句话的意思是说：商都人早晨吃的是整块的煮山药，中午吃的是切块的熬山药，晚上吃的则是由山药和炒面搅拌起来的混合物，可见山药在商都人的心目中有多么重要。此外，山药还可以通过特殊的精细加工途径制成山药粉——这种经过打磨、沉淀、晾晒、和合、床压等好几道工序制作而成的副食品，无论烹调煮炒样样美味可口，不管凉热荤素皆可制成精品，不失为商都地区饮食文化中的一大特色。此外，山药还可以炒片、炒丝、炸条、熬块、捣精精、打粉皮、拔丝炸片、焖肉炖汤，即便是迎宾大宴也须臾不可或缺。特别是由山药剥皮捣成的"精精"

岁月蹉跎

入口绵软，咀嚼筋道，是商都饮食文化中之"一绝"。

如今，随着社会的不断进步和物质生活水平的逐步提高，商都人的饮食习惯也有了重大的变革。现在的商都人不仅喜食莜面、山药，还爱吃白面、荞面和黄米面。其中白面是商都人心向往之的奢侈品，也是当地饮食中的"当红角色"——由于它不如莜面"耐饿耐吃"，因此一直被干体力活的农民兄弟视为"珍品"节而食之，乃至于即便是比较富裕的农户平时只是吃三揽、四揽的黑白面，一揽、二揽的细白面则要留着过时过节或招待客人食用。至于用黄米面制作的油炸糕和用荞面制作的生子粉之类则更是商

土法屠宰

都地区饮食中的珍品。特别是外脆内精的油炸糕，油香扑鼻沁人心脾，是商都人家宴、客宴、节宴、婚宴中不可缺少的主食；而精荞面风味独特，是客宴中炫耀商都饮食的一大骄傲；生子粉清凉下火，营养丰富，更是受到了人们的普遍青睐。

总之，喜食莜面、山药、白面、荞面、黄米面确属商都民间饮食习惯的主要特点。但在中华人民共和国成立前，大部分农民都处于饥寒交迫的境地，在饮食上只图吃饱，不求吃好，根本没有自由选择的余地，于是久而久之便形成了粗食淡饭的风格。乃至只有在风调雨顺的年景才能将蒸莜面、馏山药当做家常便饭，遇有灾年便只能以面糊煮圪旦（山药）来果腹充饥了。如今随着生活水平的不断提高，人们的饮食结构也发生了明显变化。旧时那种"大锅蒸饭、大碗持饭"的习惯正在逐步向讲究细菜细饭、小碗小碟过渡；过去人们一日三餐只求有东西填饱肚子，而今不少农户也像城里人一样，开始提倡"早晨吃好，中午吃饱，晚上吃少"的营养型饮食结构啦。

居住习俗

在中华人民共和国成立前，商都县地处塞外，自然条件恶劣，物产资源匮乏。商都人为了安身立命，

中华人民共和国成立初期的
商都农村全家福

只好因陋就简地建造住房，久而久之便形成了商都土屋。

商都人建造住房时，最基本的建筑材料是地下粘土（俗称"生土"）。人们利用"生土"掺杂麦滓或切碎的麦秆做苫，再和合成精软的稀泥用来脱土坯、垒墙壁、抹墙面乃至于盘炕洞、垒锅灶、苫窑压栈。

商都土屋的基本格局是一堂两屋，即一间正房带两间耳房。一般在正房前墙和山墙上开设房门，在耳房的前墙开设窗户。正房供人行走或摆设香案，耳房则是人们饮食起居的场所。由于商都气候寒冷，传统的土房一般都比较矮小，固定活动空间也比较狭窄，有些子女多的人家为了增加活动余地，常常要建造一大一小的"跨耳房"，但保暖程度相对较差。也有一些富裕人家会偶尔建造那种五檩起脊、满面门窗、前檐插犀的一堂两屋带两间跨耳的住房，但因造价高昂、技术复杂，故而为数寥寥。

相对于一般的小户人家而言，与住房相匹配的辅助性建筑设施大都要配备畜圈仓库，并且一般都会设在住院的西侧。如果引用当地的一句俗语来形容，那便是"好汉不住东西房，冬不暖、夏不凉"，由此也就可以想见西厢房之所以会成为牲畜安歇处所的缘由了。此外还有鸡窝、猪圈和厕所的位置也是有一定规程的。一般鸡窝都要设在窗前，厕所与猪圈则毗连座落于住院的西南角。如果拥有一个宽大的院落，邻居之间则要以院墙相隔，院墙大门一般都要开设在正中位置——这样就使得居室和其他辅助性设施结合成为一个有机的整体，这种单门独院的格局，对家居出入都甚为方便。

尽管商都民间土室外观简陋，貌不惊人，上没有"五脊之兽"、下没有红毡地毯、外没有彩绘门窗、

中华人民共和国成立初期的砖木结构平房

商都农村民居室内布局

内没有雕梁画栋，但勤劳能干的商都人从生存需要出发，在简陋的条件下，依靠自己的智慧尽量把居室营造得像样、安全、舒适、温暖，使之居能安枕，寝得其乐。当地住房一般为上栋下宇，前后两坡，棱角分明，造型质朴。在住房构造上讲究基础牢固，墙直壁厚，椽檩坚固，门窗严实。再加上围墙和院门、家门锁栓的配置，有利于保障人身安全。住屋座向一般为向阳背阴，靠山面水；窗户旧时为方格小孔，裱糊薄亮的麻纸，现在大都改为安装平板玻璃，既保暖又敞亮，家居条件大为改观。在晚上照明时，过去一般用麻油点灯，室内光线昏暗，所以人们有"吃罢饭就睡觉，第二天起大早"的习惯。中华人民共和国成立后开始采用煤油灯照明，条件有所改善，但烟熏火燎的状况一如旧往。室内取暖主要依靠房内的火炕和锅灶，火炕一般都与窗台相接，俗称"正炕"；锅灶则直通火炕，火焰通过炕洞从烟囱排放，既可保证用火安全又有利于室内取暖，取暖材料主要为农副产品的下脚料。在天气晴好的时候一般烧牛马干粪和麦滓麦稂，到寒冬腊月时方才改烧麦秆麦秸（俗称"长柴"）。由于"长柴"烧炕，火旺炕烫，热气四散，故而使人一进家就感到了温暖。这就是俗语所云"家暖一盘炕"的道理。

为了在三九寒冬更好地取暖，一般人家都备有大小不等的火炉。有些贫困户买不起大炭，则要在炕上置放火盆温手暖脚。为抵御风寒，人们在每年冬季都要用胡麻柴披房，以便尽可能减少大风穿过房顶带来的阴冷。

在室内布局方面，商都人特别讲究干净整洁，并且要尽可能充分利用有限的室内空间。多数人家的墙壁和顶棚都要用白土粉刷，炕墙上还要绘制彩色的墙围。旧时一般人家的炕上都铺有苇席，现在则时兴铺毛毡或塑料布。过去处理地面时一般都是采用黄土布底白土镶边，

20世纪70年代商都县门脸房

雪后的商都县旧城区

现在则大多是砖铺地或瓷砖水磨石质料的新式风格了。在家具摆放习惯方面，一般都是依墙角叠放被褥，靠正墙摆设衣柜，顺山墙放置缸瓮——这样一来就使得十分简陋的居室条件看起来相对宽敞整洁多了。旧时因住房面积小、条件差，一家三代同居，居室同厨房只好合二为一，无论拉风箱还是使大笼，一做饭就云遮雾罩很不卫生。现在一般农户都倾向于在堂屋设锅灶，初步实现了与居室分开的渐进式变革，卫生状况也逐步有所好转。

过去，在商都地区曾流传着这样一首民谣，叫做："大正房，宽又敞，玻璃窗子亮堂堂。砖墁地，

20世纪80年代商都农村民居

仰层房，墙上画的虎和狼。红花被窝靠墙垛，牛毛大毡铺满炕。正面一溜大红柜，挂钟日夜响叮当"。民谣所描绘的美好景象不仅是当地富户家居的真实写照，也反映了商都特定时期的居住习俗。然而对多数贫困户来讲那仅仅只是一种憧憬和向往。

而今，随着物质生活水平的提高，城镇民房基本实现了砖瓦化，室内装饰日新月异。农村瓦房与日俱增，新盖的土房也愈加高大、宽敞。过去点油灯、拉风箱、使大锅，家庭文化极度贫乏的时代已成为历史一去不复返。

节日习俗

原来的旧历年俗称大年。改称春节是辛亥革命之后的民国元年。因为要以阳历的元月一日作为岁首即新年年节，所以就出现了一个新的节日概念——元旦。但中国是个传统的农业大国，农民要以阴历的二十四个节气来掌控农事活动，故而尽管新成立的中华民国以国家立法的形式决定采用公元纪年法，但原来的阴历即干支纪年仍为农民普遍使用。于是过"大年"就比过"元旦"显得更加隆重。而之所以要将阴历称作农历，并且要将阴历的年节改

称为"春节"，主要是因为阴历的年节正处于"立春"前后，所以人们就总是习惯于把春节叫做大年。关于"过大年"的情景有一首民间歌谣说的特别形象："过大年，响大炮，乐得小孩蹦高高；穿新衣，戴新帽，爷爷奶奶抿嘴笑。"说的就是人们"过大年"的欢悦心情。故而一进年根，家家户户都忙里忙外置办年货、洒扫庭除、拆洗被褥、制作新衣，并且还要剃头理发，所谓"有钱没钱，剃头过年"就是人们渴望除旧布新的典型心理特征。

目前商都农村的春节习俗和相邻旗县大致相同，但也有一些地区差异，下面按照一些古稀老人的忆述，将商都县农村旧时过年习俗整理如下：

办年货。置办年货一般都在农历腊月——刚进腊月，村镇集市上的年货便开始大量上市，诸如庆祝用的爆竹、焰火、蜡烛、灯笼、年画；供神用的香烛、纸码、金银箔、神像（包括天地、灶王、门神、财神、观音等）；妇女妆饰用的脂粉、头绳、发卡、丝带、绢花以及各种衣料、布匹；还有饮用食品如调料、烧酒、肉类、糖块、花生、瓜子、烟卷、鱼类、蔬菜等等不一而足。在置办年货时，当地最流行蒸白面馍馍，压山药粉条，蒸黄米年糕，炸麻花馓子，以及杀猪宰羊、加工豆腐、摊黄米花等等，之所以要作如此周详的过节准备，目的就是要过一个歇心、舒心、欢心的大年。

贴春联。在春节的前一天，各家各户都要在街门、屋门和庭柱两边贴上红底黑字的对联，同时还要在室内、院内、街门口、水井旁以及猪圈、牛羊棚等处分别贴上一个小条幅以示吉庆。贴对联讲究处处见红，不仅居室上要有，畜圈上要有，乃至门窗、柜瓮、炕墙、工具上也都要有。但对联内容一定要适合张贴环境，比如在门窗两侧贴"又是一年芳草绿，笑迎粮食大丰收"，"天增岁月人增寿，春满乾坤福满门"；在库房、粮仓贴"五谷丰登，招财进宝"；在牲畜棚圈则要贴"六畜兴旺，牛肥马壮"；在大小车辆贴"日行千里，夜走八百"；在卧室贴"身卧福地，人口平安"；在院墙贴"春光满院，满院生辉"；在家门、院门口分别贴"接福迎祥，出门见喜"；在天地神像两旁贴"天高悬日月，地厚载山川"；在灶王爷神像两旁贴"上天言好事，回宫降吉祥"；在商家店铺大门两旁则要贴"生意兴隆通四海，财源茂盛达三江"等等。

贴年画。贴年画是旧历年节的一种传统习俗，年画上大多是"连年有余、吉庆富贵、人寿年丰"之类的内容。一般在贴年画时，还要同时更换神像，如：天地、财神、门神、灶神等等。中华人民共和国成立前，农民对灶王是非常尊重的，所以在灶台正中的墙上一般都要贴上灶王爷的神像，与其并排的还有灶王奶奶像，在画像的左右两个角上还要分别贴一只狗和一只鸡，这是取狗守门、鸡司晨之意。

熬年。在腊月三十（小月为二十九）这是人们最欢心、最清闲的一天，也是最热闹的一天。因为在熬年之前，家家都预备了足以能够吃到正月初五的熟饭（商都地区有初一至初五生米不能下锅的习俗）。在已经备好的年饭中，有年糕、馒头、包子、水饺、小米干饭等等。但在正月初一这一天必须吃现煮的饺子。包饺子时还要在一个饺子里包上制钱；吃饺子时，谁吃出包钱的饺子谁就是有福之人。在大年初一这一天，全家人围坐在一起说说笑笑，热闹异常。但不能涉及诸如：死啦、坏啦、糟啦、破啦、病啦、不够吃啦、没钱花啦等不吉利的话，更不能发生口角或打架、骂人、摔盆、砸碗等事情，因为所有这些都是不祥之兆，都会在新的一年招来不顺心，甚至会走背运——其中大年三十的晚饭又特别讲究，大多数人家都要煮猪头、炖骨头、炖鸡兔、下水饺，有条件的还要备上点烧酒，能喝的多喝一点，不能喝的也要品尝一点，因为这含有团圆喜庆之意。吃完晚饭之后，还要端上茶水、瓜子、糖块之类的小食品来共享团圆之乐，其中瓜子是一定要准备的小食品，因为吃瓜子还有另一层含义即"剥穷皮"——所以人们总是一边聊天，一边嗑瓜子，意在"剥掉穷皮，换来富裕"。就这样，一直坚持到接神开始为止。

接神。在商都地区曾经有过这样一种说法：各位神灵在腊月二十三这天向玉皇大帝汇报完一年的工作之后就要立即于除夕夜下界归位——正是为了迎接归位的神灵，所以各家各户都要在节前清理室内外的环境卫生，即使是一些平时不大注意的死角，也要打扫得干干净净，这含有诸神欢喜、扫除邪恶两层寓意。

在接神开始前（多在午夜一点钟）先用树枝、秸草等点燃旺火（俗称拢旺火），然后全家人围站在火堆旁烤火，孩子们则点燃爆竹和焰火取乐。接神时，人们还要把面食丢在火堆中烧烤，同时拿衣服照着旺火拍打，据说这样就可以不闹肚子，不沾秽气。所以每到接神的时候，家家户户都是庭前室内灯火通明，爆竹震耳欲聋，礼花满天飞舞。

据说接神场面越壮观，越能得到神灵的欢心，越能避开来年的不顺。

拜年。初一黎明，阖家老小都要穿上新衣服迎接新年。其中儿童最为活跃，他们一起身便欢天喜地的在庭院、街口燃放迎春烟花爆竹；妇女们则要在梳洗打扮后生火烧水煮饺子。全家人都要在饭前向诸位神像行三叩礼，一般都是先拜天地神佛，次拜祖宗神位，再拜本家尊长。行礼毕，孩子们分别去祖父母、外祖父母、伯、叔、姑、姨、舅家拜年，长辈们不拘多少都要发给孩子们叩头钱（压岁钱），孩子们得了压岁钱，可作为零花钱由自己支配，这也许是孩子们特别盼望过年的原因之一。此外在亲戚朋友之间、在街坊邻里之间也有拜大年的习俗。拜大年一般是在初一到初五进行，在此期间家家客人络绎不绝，问好之言此起彼伏。当新媳妇、新女婿相偕到亲戚家磕头时，长辈们要回以重礼。

在过节期间，民间还有不少忌讳，比如初一不准揭柜（怕冲走喜气）、小孩子不准说不吉利话、女人不准打碎家具、男人不准睡懒觉乃至妇女忌针（曾经有过"初三、十三、二十三，拿针捻线容贼袭盘"；"初六做了针线活，一年穷窟窿扎不完"；"十六做了针线活，百病缠身麻烦多"之类的说法）等等都从不同侧面反映了商都地区的风俗民情。

迎喜神。新年早晨，男女老少全都按照预先占卜好的方位，男乘马、女步行，三五成群地汇聚到一个地点烧香上供，这就是所谓的"迎喜神"——至于喜神从哪个方向来，这要根据今年的岁次来确定。农历的岁次由天干、地支相互搭配组成，过去阴阳五行学中有东方甲乙木、南方丙丁火、西方庚辛金、北方壬

20世纪80年代商都农村全家福

癸水之说，比如1984年是甲乙年，春节迎喜神要到村东口才能迎到。现在这种玄虚的说法已逐渐被人抛弃，因而到村口迎喜神的习俗也少见了，而是变成全村男女老少都集中到一个宽敞、避风、向阳的地方相互问候、拜年祝福，孩子们则滚在一起，尽情地追逐嬉耍，笑声不断。

破五。正月初五俗称"破五"。这一天，家家都要在日出之前拿上扫帚簸箕掀起炕席一角清扫尘垢（民间称之为"扫穷土"），然后让孩子把清扫出的"穷土"倾撒在院门外再放炮震散，意为赶跑贫穷，招来福运。正月初五一般已到立春之后，农业是在土地上的劳动，此时大地开始缓慢地解冻，生产活动将陆续展开，破五的意思是说：从这一天起就可以破土劳动了。

耗子娶媳妇。相传正月初十是耗子娶媳妇的日子。耗子虽然对人类有害，但这一天人们却不干扰其好事，怕的是激怒鼠类，对人类施以报复。这一天，各家都要吃饺子，并且必须给孩子们包一些形似老鼠带有尾巴的饺子，这惹得孩子们兴趣特大，不免多吃一些。

元宵。正月十五，又称元宵节，是过大年之后的又一个重大民间传统节日。过了正月十五，新一年的农事活动就要紧锣密鼓地进行，为

观灯

了实现"万象更新"的美好心愿，人们自然要热闹红火一番。在这一天，过去要唱大戏、扭秧歌、查灯、观灯，以示庆祝。唱大戏多为请戏班演古戏，也有本村玩艺儿班唱二人台自娱自乐。唱大戏时，要请女儿、女婿、姑姑、姑夫来看"红火"。所以在商都地区曾经流传过"拉大锯，扯大锯，姥姥门前唱大戏。搬闺女，请女婿，不要脸的外甥也要去，一个巴掌打回去"之类的民谣。查灯是由玩艺儿班敲锣打鼓、张灯结彩，沿门逐户祝贺新春；玩艺儿班每到一户，都要即兴编唱几句吉利词儿，如"一进大门喜气生，正面站着老房东，满面红光有福气，光景越过越火红"，祝福东家时运通达。东家则要拢旺火并且以烟酒

改革开放初期在县政府门前举办的元宵灯展

赏谢，玩艺儿班唱个诺："谢东家"，旋即打道起身转入另家。在大村庄，这项活动常常要闹到通宵达旦，故而欢声笑语不绝如缕。还有扭秧歌、闹花灯之类的活动更是老少咸宜经久不息，乃至衍化出了现在丰富多彩的街头文艺活动。主要表演形式有旱船、跑驴、秧歌、车灯、高跷、腰鼓、龙灯、舞狮、大头人等，近几年随着科学文化的发展，又时兴彩车，彩车造型美观，内容新颖，手法写实，形象夸张，流光溢彩，跃入眼目，把传统文化和现代文明融为一体，景象更为壮观。灯展为花灯展览，花灯出自能工巧匠之手，形态各异，琳琅满目，极具观赏性。街头文娱活动和灯展一般从正月十四到正月十六集中举行，正月十五达到高潮。在正月十五这一天，城内街巷莺歌燕舞，火树银花，锣鼓喧天，爆竹齐鸣，万头攒动，一派万民闹新春、歌舞庆升平的欢乐景象。特别是焰火燃放，走兔子、

闪光雷、天女散花、猴子撒尿、大地红等花炮相继腾空，编织出一幅"春风狂放花千树，更吹落，星如雨"的壮美图景，为节日增添了无限光彩。

二月二。民间有"二月二，龙抬头"的传说。龙是中华民族的象征，为了表达对龙的崇拜，自古以来商都民间就流行着一些庆祝二月二的风俗，比如讲究争先打水（谓之"领龙水"）、揭年画炕贴（谓之"扯龙皮"）、剃头理发（谓之"剃龙头"）等等。

三月三。俗称清明节。清明是农历二十四节气之一，《易通卦验》中说，"春风加十五日为清明，万物至此皆洁齐而清明"，故曰清明。不过从节日上讲，又与寒食节有关——相传在春秋战国时期，晋文公想要让介子推下山便于清明这天放火焚山，哪知烈火烧了三天三夜，介子推依旧不见踪影。直到大火熄灭后，人们才在一棵烧焦的松树下找到了介子推及其母亲的尸体。此情此景令晋文公后悔不迭，于是下令每年届时祭奠，并且规定举国上下不能举火，一律须吃冷食一天，从此清明便与祭祀活动有了关联。特别是在商都地区，清明扫墓（当地称上坟或添坟）之俗尤其盛行。

庙会节。阴历四月二十八即旧时商都的庙会节。据说在这一天有扫寺之俗，所以称之为庙会节。所谓扫寺就是男孩儿出生后怕其夭折故而向教子娘娘许下扫寺之愿，寓意将孩子寄托给佛门以期在神灵保佑下平安成长。其仪式规程为：当男孩儿长到12岁时，由家长带到奶奶庙烧香还愿送布施，和尚接受布施（多为鸡、羊、白面馍馍、油炸糕等物）后牵幼童之手领于庙内，并令幼童用扫帚在寺庙中央和四角各扫一下；然后和尚用扫帚轻击幼童头颅，令其跑到庙外，百步之内不得回头。从此之后幼童还俗，可保一生康安。幼童还俗前，教子娘娘还要给其留扎后辫，寓意"扎根有后"，民间有"前拉拉（前马鬃），后揪揪"之俗语，便是对旧时少年儿童发饰形状的形象表述。中华人民共和国成立后奶奶庙被拆，教子娘娘塑像被毁，扫寺之俗也就荡然无存了。然而伴随扫寺之俗派生的民间贸易和文化活动却被保留下来，并演变为四月二十城乡物资交流大会。物资交流大会一般要进行七天，此间要唱大戏，演马戏，开展商贸交流，对繁荣地方经济、活跃群众文化生活发挥了积极作用。

端午节。即阴历五月初五。有关端午的起源在当地比较流行的说法是为了避邪。据说五月初五是个"恶日"，所以人们都要在这一天驱魔避邪，于是便产生了喝雄黄酒、采艾草等习俗。采艾之俗的一般程序是：须在每年五月初四傍晚或五月初五黎明两头不见太阳之际进行。采撷艾蒿时不准说话，采回艾蒿后，有的放在水缸边，以保持水的洁净；有的挂在门头上，为的是驱除家庭

庙会

内的邪恶之气；有的则搓成绳子晒干后于盛夏之夜点燃，用来驱逐蚊蝇。此外还有以艾水洗脸、在头上戴艾之俗。以艾水洗脸，图的是去除雀斑；在头上戴艾，取其谐音招致人"爱"。另外民间还有"镇五毒"和捉蛤蟆之俗。"镇五毒"是用红纸制作剪刀剪五毒虫状的窗花，贴在墙上以禳邪毒。所谓"捉蛤蟆"是因为有"蛤蟆躲端午"的传说，所以在端午日如果遇到蛤蟆则要捕抓起来然后放到烟囱后面风干再研磨成稀药。此外当地端午节还有吃粽子的风俗，这一风俗据说与纪念屈原有关。

七月十五。民间称"鬼节日"，实为生者祭奠死者的节日。在这一天，家家户户都要置备香纸和供品，到已故先辈坟茔祭奠亡灵，表达缅怀之情。此外在七月十五还有蒸面人之俗。最初传说面人是姥姥蒸给外甥的，后来几经流传，发展为家家蒸面人送小孩儿的风俗。由于七月十五正值新麦上场，家庭主妇用加工后的新白面发酵捏制面人，以黑面镶发、点眼、置眉，用白面安放嘴、鼻、口、耳，用红色颜料饰面、饰身，蒸熟后送给小孩。有的人家还把面人摆在柜顶、挂在屋顶供人观赏，其用心显然是为了彰显主妇的心灵手巧。

中秋节。民间称八月十五，是仅次于除夕、春节的又一个重大节日。"八月十五月儿圆"，以月喻人，这一天是全家团聚的好日子。再加上八月十五时值大秋结束，又是收获丰收果实的时节，故而为了庆祝家人团聚和农业丰收，人们都要食月饼、食瓜果，因为月饼、瓜果既为丰收果实，又为圆形物，食之取庆丰年、合家欢之意。在八月十五这一天，凡远出在外的家庭成员都要和老年人欢聚一堂，尽享美酒佳肴。因此民间有"八月十五吃吃喝喝，七月十五哭哭擦擦"之说。此外在中秋节还有供奉月亮的习俗——每当皓月东升、银光泻地之际，家家户户都要在院内的桌子上摆满瓜果、月饼供奉天上的"兔儿爷"。据民间传说，如果中秋晚上月朗星稀则预兆来年丰收；如果乌云遮月则预示灾害降临。

腊八节。阴历十二月初八是进入腊月的第一个传统节日，俗称"腊八"。相传腊月初八是佛祖释迦牟尼得道成佛之日，所以每到这一天，佛教寺院都要煮粥供佛，这一习俗传到民间便产生了吃腊八粥的风俗。腊八粥的原料一般有黄米、小米、黄豆、豌豆、红豆、扁豆，另配红枣和江米，因食之香甜可口，所以又称"八宝粥"。此外民间习俗还认为腊八这天是一年四季最冷的一天，因此有"腊八不吃粥，冻断脚指头"之说。

祭灶日。腊月二十三又称祭灶日。传说在腊月二十三这天灶王爷要上天述职，人们为了欢送灶王爷从人间返回天宫，就在腊月二十三晚上先给灶王爷供上酒菜馍馍，上三炷香，再供上用秸秆扎成的坐骑和草料，然后从神龛上揭下灶王爷像和"上天言好事、回宫降吉祥"的对联，并在灶王爷嘴上糊一块麻糖，连同秸秆、坐骑和草料放在灶火上一并烧掉。此俗意为备好马料送灶王爷上天，让他在玉皇大帝面前只说人间好事，不说人间坏话，返回人间后，为人们带来吉祥美满的生活。

婚礼习俗

商都县地处塞北高原，过去一直是游牧部落居住的地方，汉族到此定居完全是近代以后的事情。依照现在的人口结构分析，所谓的商都人大多是从河北、山西等地逃荒到此落脚的移民。因此这里的婚姻习俗既有"口里"人的文雅古朴，又有"口外"人的粗犷豪放。这种婚姻习俗的每一个细枝末节都反映着特定历史时期的精神面貌。

相亲。商都地区人口居住分散，经济和文化都比较落后，青年男女相互接触和交往的机会很少，因此男女婚约需经"媒人"（也称介绍人）为之牵线搭桥。一般情况是"媒人"主动出面到男女双方家中说合，征得双方家长同意后，再反复周旋促成；也有某男看中某女，找"媒人"到女方家中说合的。"媒人"大都是由一些能说会道、知礼识俗、善于察言观色的人来担当。在说"媒"时，媒人首先要向女方家长介绍男方本人及其家庭成员情况、家庭经济情况，征得女方父母同意后，便择定日子到男方家中相看（俗称相亲）——相亲的日子多由女方确定，定下日子之后再由媒人通知男方做好准备工作。女方去相亲的人一般是父、母、哥、姐、叔、舅等，相亲时由媒人带领其中的一二人一同前往。相亲的目的一来是便于男女双方彼此相看，便于女方直观了解男方的人品相貌、言谈举止、身体状况；二来是便于女方考察男方的经济实力；同时也便于通过男方的左邻右舍和女方的亲戚朋友打探男方家中的为人处世情况；还有一个目的是为了让未来的公婆相看儿媳。相亲之后，如果男女双方都同意结亲，那就可以进行如下工作了：首先由女方开出财礼单子让媒人递交男方家长过目，尔后由媒人从中协商调和，待达成一致后再正式开出礼单。从此之后，这份经过媒人和双方家长协商裁定的礼单便改称"彩礼"并且为接下来男女双方互赠信物开出了相应的价码。

订婚。订婚仪式一般在男方家中举行。在订婚前，男方要带女方到集镇上按事先约定的标准去"扯衣裳"。"扯衣裳"时讲究双双对对，一般男方要给女方买两套外衣、两身内衣、两双鞋、两双袜子、两块头巾以及两套洗刷用具；同时要在订婚仪式上备好"彩礼"。"彩礼"的数目一般都带"8"字，如680、880、1080等等，所备"彩礼"要在席间预先交给媒人，媒人事后再交给女方家长；在订婚时一般都要吃糕，因为糕有黏度，寓意男女"粘住"永不分离。在订婚酒宴上，女方要给男方至亲从大到小"满酒"，长辈们要给女方"满酒钱"；订婚仪式结束后，还要由男方带上用红纸包好的"八包礼"和"对对酒"送女方回家。

典礼。典礼是整个婚姻嫁娶的高潮，其礼节和规矩也最多。在典礼前，男方要把新房布置好，把"妆新"衣服、被褥缝制好，把酒、肉和蔬菜准备好。"妆新"衣服一般要给新郎、新娘做单、棉各一身，棉衣要新里、新面、新棉花；被褥要做4套，全都是里外三新。女方需要准备的主要有嫁衣和陪嫁物品（大小衣柜、钟表、挂镜等）。典礼的前一天俗称"铺场"。在铺场这天，女方家要宴请宾客先行操办，男方家的直系亲属要到场祝贺，并准备迎亲喜车（用毯子和妆新被物搭建成窑洞式棚顶），确定娶亲人员，有条件的还要雇请鼓匠班子。娶亲队伍一般由媒人、车倌、押轿人（多由男方不满12岁的侄子充当，其礼仪是持小酒壶，酒壶嘴里插一苗葱）、叔叔、姑夫、兄弟等人组成。迎娶新娘的喜车回来后，要燃放爆竹，鼓匠吹奏下轿曲调，新娘由挽亲婆扶着下车，下车后举行"典礼"仪式。典礼仪式比较简单，一般由男方聘用的"总管"主持，新郎新娘在前排站立，随着主持人的喊声一拜天地，二拜高堂，然后夫妻对拜。夫妻对拜仪式完毕后即可由挽亲人挽新娘进屋。此时新郎的姐夫、兄弟、妹妹等人故意把着门不让新娘进家，目的是向新娘子索要喜烟喜糖，以

拜天地

此增加欢乐气氛。待新娘进入新房后，先要洗脸卸妆（洗脸俗称开脸），洗脸水要由小姑子侍奉，小姑子在倒掉洗脸水时，可以借机向新娘索要糖果食品。

夫妻对拜

女方送亲队伍抵达男家后，男方要派专人陪茶陪酒，而送亲中的"掌舵者"则要把陪嫁物品送入新房，如果有陪挂镜的还必须由送亲人亲自挂起来，但钉钉子要用秤砣钉，即秤砣虽小压千斤，新婚夫妇举案齐眉一辈子不变心。所有这些活动进行完毕之后，方才可以入席。正席一般分为"六六席"（即每桌上6人摆6个肉类菜）、"八八席"（即每桌上8人摆8个肉类菜），席间新郎的父亲、叔叔、舅舅乃至新郎本人都要过来给新亲"满酒"。

在宴席进行期间，新郎新娘要

按照长幼之分沿桌敬酒，被敬者中的长辈要回赠满酒礼（可多可少）。敬酒仪式结束后，新郎新娘方可回房中入席。

闹洞房。闹洞房在典礼当天晚上进行，参加者一般是新郎的姐夫、妹妹、兄弟和本村的同辈弟妹。闹洞房的内容一是通过说串话索要烟、酒、糖等食物；二是让新郎、新娘共同完成一些滑稽的动作逗趣，目的是解除新郎新娘的"怕羞"心里，为他们大胆接触、和睦相处、永远恩爱营造气氛。婚后第二天，新郎和新娘要双双乘坐送亲车回娘家，俗称"回门"。第三天由娘家人再送回婆家，在婆家住满7天，再去娘家住8天，俗称"回七住八"。至此，整个婚姻过程全部结束。

丧葬习俗

商都县地域辽阔，人口众多，丧葬习俗各不相同，其中蒙古族、

满酒

回族的丧葬依照本民族的习俗进行。而汉族群众在丧葬习俗上则有东、西路之分（东路习俗主要集中于大黑沙土一带），但由于长期共存、相互同化，汉族群众基本形成了西路丧葬习俗（东路稍有差异）。其操作规程主要有如下几个环节：

备丧。"人生七十古来稀"，说明古代人的寿命比较短暂，所以旧社会的富裕人家到50岁以上就开始打造棺材，制作寿衣，为今后的丧葬做好了准备。

过去的农村不像城镇，没有专门的棺材铺，多是自备木材雇用木匠制作，其材质因经济条件而异。富家的棺材厚度多为3.5寸，贫困户多用5分板和1寸板。有钱人家多在"寿星"健在的时候就雇请画匠精心彩绘，一般都是在棺材大头绘制蓝底图案，材帮绘制红底图案，并且还要数次涂刷桐油以防掉色（俗称看材）。穷困人家则只能在临死前找木匠粗劣制作，一般只涂一层红颜色，不上油漆。无后代且又穷困潦倒的人死后，多数用席子一卷就埋掉了事。值得一提的是，本地所产榆木虽然质地坚硬、结实细腻，但因"榆"与"愚"同音，所以不管富人、穷人一律忌讳用榆木做棺材（怕后代出现愚人）。

莛老的寿衣包括：袄、裤、帽、鞋、袜、褥、枕，男性另有长袍、马褂，女性另有罩衫、长裙。富家多用绸缎等纺织物，穷家则用一般棉布，在颜色上忌用红、绿色彩，多用蓝色黑色紫色面料。寿衣要用手工缝制，针距要放大，不能用机器制作——这是因为据传人死后要到阴曹地府过堂，阎王爷让死者数身上衣服的"针"数，数不清者要受责罚。

停尸。在弥留之际，家人趁尸体未僵硬时，要为其整容、理发、更换寿衣，还要拿一枚硬币放入其口（口含钱），然后再将面部的排泄物揩拭干净。当死者抬上"停床"后，要点燃下炕纸。"停床"一般多设在堂屋内，用单人床或门扇支垫起来即成（人死后不能在炕上停，相传在炕上停尸叫做背炕板，到阴间后要遭罪）。摆放尸体要头朝外脚朝里并且要把手放到胸间；尸体上要加盖蒙单或死者的被物，为死者戴好帽子后还要用一张黄表纸或白纸盖在脸上（俗称苫面纸）；死者要两足并拢并用麻条捆住（绊脚绳），防止灵魂乱走乱窜；灵床下要放1把谷草、一片屋瓦、一把扫帚、一个陶盆。灵前供桌上须置放燃油灯一盏、焚香炉一个、放寿盘一个，插打狗棒四根，上备各物供死者灵魂吃住、取暖、照明之用。在此期间，为防止热天尸体腐烂，还要用麻纸将棺材内壁糊裱严实，尔后用松香、黄蜡熬成粥状涂刷均匀待用。

入殓。病人如在白天死亡，尸体要先在停尸床上停放，直待天黑之后才能装棺入殓。病人如在午夜一点以后死亡，尸体要停放到次日夜晚装棺入殓。棺材停放的方向和位置要由阴阳先生测定，务须躲开"天坑"。"天坑"有"年天坑""季天坑"和"月天坑"之分，一般而言，停尸的方位至少要躲开"季天坑"。

尸体装棺入殓后，什么时候发丧埋葬，要经阴阳先生掐算定夺，少则三天，多则"七七"四十九天不等。一般贫困户多在三天内发丧埋葬，中等户在七天内发丧埋葬，富裕户、乡绅大户停灵到"三七""五七"乃至"七七"才发丧埋葬。停灵时间的长短，是人力、物力、财力和势力上的较量。

吊祭。人死后第三天，先由阴阳先生打出岁头纸。岁头纸打多少，按死者岁数大小确定，一般是一岁一张（旧时多用麻纸）。

岁头纸的制作程序是：首先将每张麻纸都裁剪成条状，但不能剪通，未剪通的一段要用绳子捆绑在一根木棍上，然后悬挂在院外大门的墙上，同时要在一张麻纸上批写阳帐帖子。阳帐帖子贴在一块炕板

上，立在大门外，上书死者姓名、性别（男称先考、女称先妣）以及治丧期间冲妨的属相。冲妨的属相一般按死者死亡的月份确定，其基本原则是：死于一、四、七、十月者，妨鼠、马、鸡、兔；死于二、五、八、十一月者，妨龙、狗、牛、羊；死于三、六、九、十二月者，妨虎、猴、蛇、猪。凡属相在冲妨之内的，丧葬期间要尽可能回避，更不能参与丧葬活动。

一般来说，不管穷人还是富户，超度亡灵都要"过三天"。其中中等以上人家都要订鼓匠，一则通过锣鼓响动逼住邪气，二则通知亲朋、好友、街坊邻居前来吊孝、烧纸助

商都农村丧葬习俗

兴。吊唁活动多在上午进行，男祭客由孝男陪祭，女祭客由孝女陪祭，吊祭人在灵前要作揖叩头。磕头旧有"神三鬼四"之说，妇女吊祭者大多要伏在灵前掩面痛哭。此时鼓匠班子配合吊祭活动开始吹奏哀乐，孝女们分立两旁陪哭，促使整个吊

商都农村丧葬习俗

祭活动沉浸在一片悲痛欲绝的氛围之中。吊祭日要在灵棚或院落里专设礼案，吊祭人所携礼物、挽幛、花圈、挽联等都要交给收礼执事，礼钱入账，挽幛张挂在灵棚或院落里，花圈则摆放在灵棺前或两旁。孝男、孝女们为超度亡灵所做的纸扎式样很多，常见的有马拉轿车、宅院（阴宅）、碾、磨、金桥、银桥等。阴宅两旁，还要摆放两只大仙鹤和一对男女侍童（俗称童男女）。

纸扎有满棚、半棚之分，规模大小根据死者身份地位和家庭经济状况而定，一般农民家庭很少做纸扎，只有富裕人家才有此经济实力。

吊孝的当天晚上还要报庙。旧社会一般村庄都建有"五道庙"，庙内供有泥塑五道爷、判官、小鬼等塑像，到此报庙是为死者灵魂祈祷。报庙阵容的排列顺序是：前有4人执掌灯笼；长女婿居后抱灵牌；鼓匠随后吹吹打打；孝男们穿全身孝服手持丧棒跟在队伍最后（孝女不参与报庙，专门在家等候报庙队伍归来时哭丧）。报庙队伍途经水井、磨房时要停下烧纸，鼓匠们则吹奏专门的曲调加以配合。到了"五道庙"之后由长子叩头、烧纸钱、敬酒并吆喝亲人三声"爹"或"妈"后返回。返回的速度要比去时稍快。回到院门口，早已等候的孝女们同孝男们一起号啕大哭，鼓匠们也吹奏哭调大加烘托。此情此景让围观者也潸然泪下。

报完庙稍事休息后，孝男孝女们要到灵棚内开棺（俗称开光）。开棺后首先要用棉球沾酒擦洗亡者面容，再用剪刀剪断绊脚麻索；其次要把死者生前心爱之物或常用之物如烟嘴、烟杆、烟袋、梳子、耳环、手镯等物放入棺内，还要向棺内撒些"垫背钱"，钱数要和年龄相同；最后合上棺盖用8字木楔子（忌用铁钉）将棺盖楔紧，（事实上是最后一次瞻仰遗容），报庙仪式到此告终。

打坟。打坟即建阴宅。首先要请风水先生勘定坟址。据说阴宅选择的适当与否，关系后代子孙的兴旺与衰败，因此人们对此都比较重视。如死者的配偶先亡，就要重新开墓进行合葬。合葬时按男左女右将两棺并列在墓内，其妾死后要葬于其妻右边，名分关系不得颠倒。

打坟的日期一般都是在死者死

亡后的第三天破土动工，先由丧家的一名孝男用镢头在穴址的四角各刨一下，然后交由打坟人开挖墓坑。

出殡。出殡的头一天下午，孝男陪同一名孝女或长媳妇，持签帛前去坟地并下到墓穴扫坟。扫坟要向后退着扫，以防脚印留在坟内被阴间扣走灵魂。出殡的时间一般为：老年人在上午10点左右，青年人在早晨太阳露头之前。灵棺可用车拉，也可用杠子抬，但必须是抗引魂幡的人在前，灵车居中，鼓匠紧随，孝子们走在最后，这称为吹打送葬。出殡时，由长子打碎"教子盆"后扛住棺材大头，随即出殡队伍抬起棺材送到灵车或架子上，而后缓慢行进，直到走出村口才加快步伐。此时，孝女们在门口大放悲声，到出殡队伍走远后才能回屋。

下葬。送殡队伍到达墓地后，先将事先准备好的装有五谷杂粮的小瓷罐（俗称衣饭钵子），放在棺材前面预先凿好的壁穴内，再将两根像柱子一样粗细的木头（俗称下葬碌子）放进墓底摆好（为了好往出抽绳子），然后将棺材用绳子系住，接着众人一齐发力，把棺材送入墓坑。待抽出绳子后，众孝子绕墓三周，挥锹填土，并将挂有引魂幡的小树插入坟墓的小头，作为坟树栽直栽好。坟墓要堆成大头小尾形，也有的堆成圆锥形。

撵殃。送殡队伍出发后由阴阳先生捉一只事先预备好的公鸡放入死者生前居住和停尸的屋内，再用木棍追赶公鸡乱跑。阴阳先生嘴里念念有词，驱使公鸡呱呱乱叫，直到跑完各个房间及角落后收场，而公鸡归阴阳先生享用；随即由留在家中的人分头打扫屋内、屋外、院内、院外之地，意在驱散阴魂、扫除污秽，从此人鬼一刀两断。

祭坟。亡人下葬后，子女们要去坟前祭祀。祭祀有三日祭、七日祭、三七祭、七七祭、百日祭和周年祭几种。现如今祭坟礼仪删繁就简，只有清明祭、七月十五（俗称鬼节）祭和十月一日（寒食节）祭了。

祭坟的供品有烟酒、糕点、水果、肉类等。祭坟时，祭者要点燃钱垛（鬼币），以供死者在阴间花销，清明节还要带上铁锹添加坟土，这一风俗一直延续到现在。

建设成就

HUASHUONEIMENGGUshangduxian

社会主义建设成就剪影

SHEHUIZHUYIJIANSHECHENGJIUJIANYING

历史有时就像一出舞台剧那样总让人觉得扑朔迷离猝不及防；历史有时又像一位喜欢搞恶作剧的孩子那样总有许多说不完的奇思妙想。然而"历史就是历史，历史不能任意选择"。

政权建设篇

据史料记载，在20世纪初期，商都地区还是一派衰草连天的原始草原景观。那时候，虬曲蜿蜒的不冻河总是不知疲倦地日夜流淌着，晚归的牧人也时不时就会引吭高歌；还有空中的飞鸟、地上的狐狼全都无拘无束，无牵无挂，各自刨闹着自己的生活。然而自从民国三年（1914年）国民政府开始在此驻军农垦之后，这种一成不变的沉寂和宁静便被打破了。特别是民国四年（1915年）察哈尔垦务总局作出了要开放大马群暨牛羊群界内数千万顷荒地的决定之后，垦殖事务很快就在商都地区如火如荼地开展起来

了。后来随着垦殖规模的日益扩大，商都地区在民国七年正式改设县制，其后参与领垦的商业实体也与日俱增，甚至连赫赫有名的京汉实业公司、宝丰公司、化裕公司等龙头老大也认购了土地，于是在整个商都牧群旗便全面进入了拓荒垦殖的鼎盛时期。

据说商都地区在1918年正式建县之前一直都是专为朝廷提供乳肉食品的皇家牧场，而且即便是在建县之后也依旧按照旗县并存、旗管牧人县管农人的行政格局交叉运行，直到1954年3月内蒙古自治区

清流急湍的五台河

人民政府和绥远省政府联合发布公告，正式宣布撤销绥远省建制，这才结束了绥东地区旗县并存的状态，商都县也借助大规模的放荒垦殖，最终获得了农业大县的历史定位。

特别是在清末放荒招垦政策的感召下，少数有钱有势的官僚政客通过贱价买进、高额出租的方式攫取了大量的钱财和土地，于是借助这种独特的农业开发体制很快形成了两极分化的格局。比如商都县二道洼的大地主丁家就占有了五百多间房屋、六十多万亩土地，在其名下所拥有的土地居然相当于全县耕地总面积的五分之一。

其实丁家的创始人是一位官至"统领"要职的职业军人——因为他在攻打喇嘛庙的时候立了大功，所以民国政府就在人头山一带奖给他一份尚待垦殖的土地供其收取地租以补贴家用。而这位丁姓"统领"又因为军务缠身便只好将这份产业托付给他的侄儿丁长有去经营。可是这个丁长有又偏偏是一位目不识丁的大老粗，他除了聚敛钱财似乎什么都不关心，所以在他当家的时候也确乎没有留下什么好名声。

不过据说丁统领还算开明，加之他在外面又当着挺大的官，而且时任察哈尔盟盟长的达密凌苏龙也即长胡子还是他的儿女亲家，所以

不仅小股土匪不敢招惹他，即便是各路军阀也给他留足了颜面。于是在民国政府鼓励农耕的政策扶持下，丁家的产业就像滚雪球一般越滚越大。

然而好景不长，到1945年商都县第一次解放之后不久，全县的减租减息和"五四"土改运动就轰轰烈烈地开展起来了，丁长有一看势头不妙便带着家眷逃到陶林县躲了起来。可是刚刚过了一年多时间，国民党军队就重新占领了商都县城，于是丁长有便像电影里的胡汉三那样又气势汹汹地反攻倒算来了。结果由于他作恶多端民愤极大，因此在解放后尽管隐姓埋名并且还毁了容，但最终还是被商都县的老百姓给认了出来，于是这个被称作"张老汉"的丁长有硬是被公安机关从北京天桥押解回村并且很快就执行了死刑。

据文物部门考证，屯垦队镇原丁家大院遗址坐落在屯垦队镇人头山村正北方向炮台山脚下的一个簸箕型山间平地内。这处院落长宽各约四十米，院落的东南角是一个巨大的打谷场，打谷场的右前方是丁家的菜园，菜园的右前方直至院落的正前方也即现在人头山村北一带则是一个空旷的广场，在广场的北端也就是院落的大门左侧有一眼专

供牲畜饮水的大口井，这眼井至今保存完好，村民们一直都在正常使用。此外，在院落正北的炮台山上，曾经构筑过一座石头城堡，城堡的下面则是一个长宽各约二十米的封闭式院落。院落的西北方向有一排平房，负责看家护院的兵丁就驻扎在这里。目前这个院落的根基以及联通丁家大院的石径仍旧依稀可辨。特别是丁家大院内的主体建筑以及大院的围墙和护城河的痕迹更为明显。

水乡泽国

反霸清算和"五四"土改运动

中华人民共和国成立前的七台镇虽然有不少商号和手工业作坊，但经济命脉却一直掌握在极少数资本家和大商人的手中。比如由孙尚令开设的"永成粮店"就拥有三十辆牛车、六辆胶轮大车、六盘石磨，并且在屯垦队、西井子、大库仑、卯都和六台坊子设有五处收粮点，有时一天就能收购一百多石粮食。后来他又当上了伪粮谷会的会长，于是便与日本驻商都的"三菱公司"串通一气，不断扩大经营范围，而货源和物价则均由他一手操纵，致使许多个体商贩陷于温饱无望的窘境中难以自拔。

也就是在这种情况下，县委于1946年春天组织发起了反霸清算和"五四"土改运动，全面清算了汉

社员劳动

田间小息

衬砌灌渠

春耕

奸、特务、地主、恶霸的严重罪行，同时也激发了工农群众的政治觉悟、壮大了人民的力量和党的队伍。

苏宗轼农业生产合作社

苏宗轼于 1950 年 4 月响应政府号召从北京来到二道洼村移民垦荒。当时尽管苏宗轼分得了土地和房屋，生产积极性也空前高涨，但他对农事活动却完全是一个门外汉。为了搞好生产，他同村民武成兴和魏果

群英会

子两家组合成一个季节性的帮工组，结果短短一年时间苏宗轼就初步掌握了最基本的耕作要领，并且于第二年年初出席了察哈尔省第一届劳动模范大会。在会上，通过与劳模们接触交流，苏宗轼的觉悟更高了，信心更足了，眼界也更加开阔了。于是一回村他就四处宣讲组织互助合作社的好处，并且很快就在村里联系了十一户农民组织了全县第一个互助组。后来他又响应党的号召成立了农业生产合作社，合作社成立的第一年粮食平均亩产就比一般农户增加了 43.7%，从而极大地鼓舞了全体村民走社会主义道路的决心和信心。

"严打"斗争和整党整风活动

在 20 世纪 80 年代初期，随着

改革开放的持续快速发展，全县各行各业普遍呈现出一派欣欣向荣的景象。但国门洞开之后，日趋严峻的社会治安形势也不容乐观。最具代表意义的有如下几个方面：一是刑事案件发案率上升过快。其中仅1981年第1季度就发生各类刑事案件六十七起，比上年同期增加了五十三起（重特大案件发生了七起，比上年同期多发五起）；二是治安案件进入高发期。特别是赌博、偷盗、打架、哄抢、损坏公物等现象屡见不鲜；三是政治问题又重新浮出水面。甚至有人张贴侮辱诽谤中央领导同志的标语、传单，有人为"四人帮"鸣冤叫屈，有人制造和传播谣言，还有人投寄恐吓信，严重扰害了安定团结的政治局面；四是宗教非法活动又有所抬头，已经隐退多年的反动会道门组织也出现了死灰复燃的迹象；五是受自然灾害的影响，农业生产和社员生活均存在一定困难。加之全县有七个厂矿企业相继停产，一千五百多名待业青年不能就业，无形中促成了治安形势的不断恶化。

面对这种情况，商都县积极响应中共中央《关于严厉打击刑事犯罪活动的决定》，坚持按照全国人大在六届二次会议上作出的关于对一系列严重危害社会治安的犯罪行为"可以在刑法规定的最高刑以上处刑，直至判处死刑"的规定，同时参照全国人大关于对严重犯罪要迅速及时审判的补充规定，迅速掀起了一轮又一轮拉网式的"严打"行动。

综观"严打"期间的工作，

全县累计逮捕、拘留、收审各类违法犯罪分子六百四十四人，摧毁流氓犯罪团伙十六个，抓捕犯罪成员一百一十四人，依法判处各类刑事犯罪分子三百零八人，其中死刑三人、死缓四人、无期徒刑六人；检察机关决定免予起诉的有四十三人；公安机关决定劳教少管的二十八人。在相继开展的三个战役中共计破获各类刑事案件六百起（其中历年积案四百八十三起），缴获赃款赃物折款十三点四万元，同时还收缴了一批淫秽录像和书刊，为净化社会治安环境起到了良好警示的作用。

于是从1983年10月开始，在几乎与"严打"斗争重合的时间段内，商都县按照上级的统一安排部署，开展了建县以来规模最大的一次整党整风活动。

为了切实搞好整党整风活动，县委专门制定了有关反对极端个人主义、无政府主义和资产阶级自由化倾向的禁令，并且结合整党整风活动专门下发了《关于认真抓好学习〈关于建国以来党的若干历史问题的决议〉的通知》。

《通知》要求：各级党组织要结合学习六中全会公报和邓小平同志有关整党工作的讲话，认真总结历史经验，在学习活动期间一定要充分发扬民主，不搞人人过关，对持不同观点的同志也允许保留自己的不同意见，但不允许在非党群众中散布反对《决议》的言论，特别是要对那些诬蔑攻击中央领导同志的言论一定要坚决予以回击，对证据确凿的反革命言行更要严肃处理；宣传部门要通过各种宣传渠道、利用多种宣传工具和宣传手段努力营造良好的整党整风舆论氛围；全县各单位、各部门均要按照县委提出的整党整风要求随时掌握学习效果和思想状况；各公社党委、县直各总支要将学习情况每十天向县委宣传部汇报一次；县广播站要及时报道学习《决议》的经验和体会文章，同时要组织系列文章，深入宣传三中全会以来确立的社会主义建设道路，进一步明确今后党建工作继续前进的方向。

在充分发动群众坚持挖根源、论危害，制定本单位贯彻执行整党整风细则的基础上，商都县于1982年重点针对党员队伍中存在的思想不纯、组织不纯、作风不纯问题进行了集中整顿。

在组织整顿方面，重点抓了一些目无法纪、损公肥私的公社党委和基层党支部领导班子的整顿工作。首先采取组织措施，对因工作互相推诿造成集体财产遭受巨大损失的四台坊子、大库伦、八股地三个公社党委的领导班子进行了及时调整，同时还培养、选拔了四十名年富力强的中青年干部进入领导层，从而卓有成效地改变了过去那种人心惶惶、死气沉沉的社会风气，促使广大基层干部的精神状态有了明显好转。

在思想整顿方面，主要针对群众反映比较强烈、社会影响比较突出的思想认识问题，重点抓了抵制资产阶级思想侵蚀的干部作风问题，其中特别强调要坚决刹住五股歪风即：违反党的政策安排自己亲属或子女风、住房搞特殊化风、请客送礼风、婚丧嫁娶大操大办风、失密泄密风。

在作风整顿方面，主要通过树立党和政府的威信来维护党纪国法的尊严。在集中开展作风整顿期间，全县共查处党员违纪案件二十六起，共有二十人受到党纪处分（其中开除党籍八人、留党察看两人、撤销党内外职务两人、党内严重警告四人、警告四人）。

在此基础上，新县委结合机构改革，按照干部"四化"标准调整了县级五大班子，接着又分别调整和整顿了乡镇、科局和二级单位基层组织的领导班子，同时进一步建立健全了招工、招干、转户、建房制度，一律将暗箱操作改为全面公开，从而彻底堵塞了漏洞，巩固了党风建设的成果。

艰苦创业篇

中共中央总书记、国家主席习近平同志指出："我们党领导人民进行社会主义建设，有改革开放前和改革开放后两个历史时期，这是两个相互联系又有重大区别的时期，

学用结合

义务劳动

表彰大会

但本质上都是我们党领导人民进行社会主义建设的实践探索。中国特色社会主义是在改革开放历史新时期开创的，但也是在中华人民共和国已经建立起社会主义基本制度并进行了二十多年建设的基础上开创的。"我们在下面罗列的这些资料就是想要力图证明习近平同志所阐述的历史唯物主义观点：历史是最好的教科书——尤其是对于我们共产党人来说，中国革命的历史就是最好的营养剂，只要多学习多重温，心中就会增添许多正能量。

刘万财和《北国江南》

《北国江南》是著名剧作家阳翰笙根据"大跃进"年代发生在小海子公社向阳大队开渠打井大搞水利建设的素材创作而成的，1963年由上海海燕电影制片厂摄制成了彩色故事片。影片所描写的黄土屯在中华人民共和国成立前是"十年荒旱九不收，冷火寒烟户户愁。地主如狼官似虎，草原千里哭声幽"；

北国江南换新颜

中华人民共和国成立后，村民们在党的领导下走上了合作化道路，他们经过艰苦奋斗兴修水利，终于改变了"靠天吃饭"的贫瘠面貌，呈现出一片"北国风光好，处处似江南，草原千里绿，遍地见清泉"的美好景象。

虽然《北国江南》所描写的场景是改造自然的斗争，但始终贯穿了人与人的思想矛盾冲突，其中既有以农业合作社社长兼党支部书记吴大成（即以刘万财为原型塑造的主人公）与富裕中农董子章为代表的两条道路的斗争，也有以吴大成为首的进步农民与董小旺等不安心农村生产的资产阶级思想的斗争，以及与暗藏的阶级敌人钱三泰的两个阶级的斗争，作品存在着把阶级斗争扩大化和绝对化的缺陷。

五花配种站

五花配种站是在1958年"大跃进"浪潮中涌现出来的新生事物。由于建站初期只有五个姑娘——并且她们的名字末尾都带有一个"花"字，所以才会被命名为"五花综合配种站"。起初她们五个人对人工配种技术不但不会，甚至连见也很少见过。后来经过苦钻苦学，几个月时间就创造出一只良种公羊人工授精两万多只母羊的纪录，放出了"配种卫星"，受到了国际友人苏

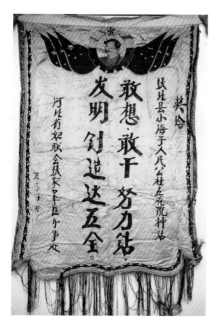

奖给五花配种站的锦旗

联老大哥的奖励。她们在取得胜利的基础上，继续高举总路线、大跃进、人民公社三面红旗，不仅扩建了站址，还增加了人员和种畜。全年共改良配种大牲畜六百三十二头，受胎率均达百分之九十二以上；改良绵羊一万零五百二十九只，受胎率达百分之九十八。她们之所以能够在扩站后短短一年零七个月的时间就取得如此巨大的成就，完全得益于在党的直接培养下，立下了凌霄大志，经历了千辛万苦才最后取得了成功。（摘自《坝上之花》）

全民打井运动

在中华人民共和国成立初期，商都县委就开始带领全县人民大打水利翻身仗，共计新增水浇地十四万亩，使部分旱地变成了水田。1957年10月，全国《农业发展纲要（修正草案）》正式公布实施之后，更加鼓舞了全县人民大干社会主义的信心。以此为契机，中共商都县委专题研究生产大跃进问题，并做出了开展冬季水利建设大会战的决议。

开展冬季水利建设的决议形成后，县委第一书记郭洪亲自深入到小海子乡走访老农、召开座谈会，并深入田间地头搞调研，指导小海子乡打了二十五眼试验井，因而进一步坚定了群众打井的信心。

在小海子乡千眼井计划的带动下，全县各地纷纷行动，屯垦队乡先锋社起初只分配了五眼打井任务，可是因为是四个生产队，所以只落实了四眼，还有一眼分配不下去。小海子乡的经验推广后，他们一下就把打井任务增加到了六百三十眼。清河乡原计划不打井或只打一眼试验井，参观了小海子乡的水利建设工程之后，打井计划也一下就增加到了四百眼。于是县委乘势而上，将原计划打井三千眼的目标任务提高到了整整一万眼。

全民打井运动的架势拉开后，各地普遍感到器材资金不足，有的乡、社干部不断伸手向县委要材料，或者要求国家投资解决。面对这种

情况，县委决定要通过"民办公助"的办法全民动手搞水利。于是全县干部群众纷纷捐款捐物支援打井，共计捐出了价值三十五万余元的各种物资，其中仅麻绳就达两万多斤。

资金、物资问题得到解决之后，第二个难关就是打井过程中普遍出现的流沙塌方——面对重重困难，打井示范点小海子乡提供了一条治理流沙塌方的经验即："打围桩防止法"（就是用成排的椽子紧靠井壁，然后用绳子串联起来，插入井筒底层阻止流沙），自从推行了这一做法之后，流沙塌方问题总算得到了有效控制。

就在打井运动开展得热火朝天的时候，又发现了第三个问题：有些人在埋头苦干不断取得新突破，而有些人则依然秉持着打"官井"应付交差的消极态度。针对这种情况，县委及时组织群众开展了以"为谁打井，打井为谁"为题的大辩论，并且通过揭发小海子乡王官清打"官井"的思想和泉脑子乡马登亮打"假井"的做法，切实保证了成品井的质量。

在群众充分发动起来之后，加强组织领导势在必行。当时普遍采取的办法是：层层书记挂帅、委员把口，以党、团员为骨干带头打井。有些群众还把党、团员的行动编成

了顺口溜："党团员真能干，白天去打井，黑夜把粪担，干活像猛虎，真是英雄汉！"

在此期间，全县共抽调二十一名科（局）级以上领导干部和一百五十多名一般干部深入工地领导打井。县委第一书记郭洪在小海子亲自指挥战斗并同群众一起拉滑车；县长赵秀亲自率领一百二十多名干部坚守在西山石料场刨石头；四台坊子乡下放干部陈德元指挥群众抢水，两天两夜没有合眼；下乡干部梁文贵在小海子乡连续三次参与了抢险井的战斗。

由于各级领导带头，群众干劲倍增。1958年1月15日，寒潮侵袭，气温骤降，白毛风刮的伸手不见五指。但小海子、西井子、高勿素等地的不少工地仍在坚持打井。尤其值得称赞的是：高勿素村七位十五岁左右的小英雄（黄明中、郭进有、郭项、郭进才、郭珍、曹美、马金山）从一九五七年十一月二十五日开始至一九五八年三月二十七日停工，往返行程两万一千六百里，为打井工地搬运了六百六十一点五立方米的石头。

为了促进生产大跃进，广大群众打破春节吃吃喝喝的传统习惯，坚持过节不下战场。当时全县有一万二千多名男女社员在旧历腊月

三十晚上参加了熬年打井，并在一夜间打成九十五眼水井。这一年，全县共计打小筒井及大口井一万零十七眼，全县保灌面积一举突破了四十万亩大关。

全县打万眼井的目标任务完成之后，最突出的工作任务就是平地刮畦、配套提水工具。但各地普遍存在缺资金、缺设施以及由此产生的畏难情绪。于是县委又组织群众开展大辩论，使群众明白了打井不是为了叫人看，而是为了确保粮食增产——于是群众的积极性很快就调动起来了，经过一个多月努力，全县共计平整土地四十八万亩，制造各种提水工具十三种（5370件），为适时灌溉奠定了基础。在此基础上，县委又适时提出了"大战两个月，实现水利化"的口号，并组织发动十万大军展开兴建渠道、水库，改造天然淖的群众运动。其中东路卜子乡修筑的有效使用面积达五十二亩的中心水库因其形状酷似梅花故取名"梅花水库"；城关镇修筑的库容量达366万立方米的水库因其坐落在不冻河中游故取名"不冻河"水库；此外还有白沙井乡炮崩元宝山、西井子乡洪水绕山头以及在三面井乡修建的有效灌溉面积达三点四万亩的"三面井"水库等等，都充分展现了商都人民与大自然斗争的英雄气概。

四台坊"群英扬水站"

"群英扬水站"位于原四台坊子乡哈报沟村西北半华里处，是1975年动工修建的。当时"农业学大寨"运动方兴未艾，商都县在组织人员参观了河南林县的"红旗渠"之后，立即向"群井汇流、近水远送、低水高调"的新一轮水利建设发起了冲刺——"群英扬水站"就是在这一历史背景下诞生的。

"群英扬水站"是一项集"群井汇流"和"南水北调"于一体的清水灌溉工程，其水源地选定在原四台坊子公社哈报沟村南滩和银匠村一带。解决了地下水源问题之后，紧跟着就是开挖输水渠道和建设扬水工程。这两项工程从1976年开始到1979年完工。在施工过程中，始终坚持专业队和大会战相结合的方法，一直保持着很高的劳动效率。在工程设计方面，"群井汇流、南水北调"的最大特点是在每个机井前都修建了一条输水支渠，并且配套了机泵抽水设备。各输水支渠从不同井点延伸到输水主干渠，最终形成了"群井汇流"的输送体系。输水干渠南北走向，深一米、宽一米，全长一千米；渠首坐定南滩、渠尾筑有一座储容三百六十立方米的蓄水池。蓄水池北面挖有两条暗水道，

暗水道前方不远处筑有两个输水孔。这些土建工程都是"群英扬水站"的"一级"工程，也即把"群井汇流"由南向北输送到蓄水池，为扬水灌溉铺垫了第一级"台阶"，而要实现"低水高调"的最终目的，则要通过大渡槽来完成。

大渡槽的槽首近距离与输水池"会面"，槽尾在下哈报沟村北（商大公路南侧）落座，渡槽自东南向西北、由高到低成弧形延伸，状如长虹卧波。槽长一千一百米，由一百多个槽墩（宽1.2米，长2.5米）支撑，槽首高九点七米，槽尾高两米，形成自然坡度与地面土垅道衔接。槽体为水泥砌石结构，石料采集于公鸡山，所用数量已不可考。按照二级扬水目标，大渡槽槽首与输水孔中间建有一排长二十四米、宽四

米、掏空六间的电机房，并配备了大型机泵设备，构筑起了强大的动力资源。

1979年，"群英扬水站"结束了最精彩的篇章。随着大渡槽的胜利竣工，四台坊、公主城两个远离机井群的生产大队乘胜前进，一举完成了修建灌溉支渠的配套工程。按照规划设计，汇流灌区发展水浇地可达一万亩（实际控制6000多亩）。到1980年，刚刚投入运行的群英扬水站因农村生产体制变革，无法实施运转而被迫搁置下来。

十八顷灌区

在商都县十八顷镇境内有一条季节河。这条河位于小庙子嘎查村西，其上游来自化德县白土卜子乡的牛家河。河流既是自然排洪的"管道"，又是制造洪涝灾害的"猛

十八顷水利枢纽工程

兽"。当雨量不是很大时，上游牛家河下泄的洪水一般都可以顺着自然沟道排泄到察汗淖儿，但一遇暴雨，洪水便像脱缰的野马，使河两岸的十八顷、小城子以及大五号等村深受其害。中华人民共和国成立后，为了最大限度地改变农业生产条件，商都县从二十世纪五十年代起即掀起了一次又一次兴修水利的热潮——十八顷引洪灌区就是在这一背景下应运而生的。

十八顷引洪灌区由东、中、西三条输水干渠以及东、西两条大坝和一座九孔闸构成。由于工程量大，在用工安排及协调作战方面都创下了当时的历史之最。劳动用工从七个受益的生产大队按受益程度统一调配，农忙时保持在一千人左右，农闲时则一度上升到两千多人。参战社员的劳动报酬实行工分制，另有每人每天二分钱的菜金补贴。

在建设过程中，根据施工项目，前后延续了六年时间才全部建成竣工。

先是在1965年修建了中、东两条输水干渠。中干渠自北向南途经十八顷、胡家村、袁家村直通下游察汗淖儿；东干渠亦自北向南，沿途经过的村庄有十八顷、三十顷、小城子、大五号、戚家坊，最终与中干渠殊途同归。尽管两条干渠的长度不等，但宽度和深度相同；宽度底基均为八米，上部呈扇形扩张，深度按地形高低或下挖或回填，其土建工程动工后因时间原因一直延续到第二年春天。

1966年，开始集中时间、集中人力续建支渠跌水口，经过一年苦战，如期完成了任务。

1967年乘胜前进，打响了修建西干渠的攻坚战。该干渠设计为排洪渠，施工时因考虑中、东干渠吸纳水流能力大，故而仅仅修建了小庙子嘎查——谢家村——后海子一段。该干渠地处红胶泥地段，施工过程中堆积在渠道两岸的泥土因重量过大，使堤岸承载了很大压力，导致渠基因物理作用冻涨升高，因而严重影响了原来设计的标准高程。为了解决这一难题，施工人员多次返工重修，因此延缓了施工进度，直到一九六九年达到设计要求时为止。

1970年，迎来了灌区建设的"重头戏"即大坝修建工程。大坝是拦水设施，东坝和西坝依河道走向自北向南修筑。修建时从东、西坝口两面推进，中间预留一个豁口，不仅预留出了闸位空间，同时可供修闸前排水之用。大坝合龙时，县军管会责成于培烈负总责，调集全县二十二个公社的精干劳力协同作战。在大坝合龙这一天，各公社参战人员集结在拦河大坝上，形成了四千多人一起鏖战的壮观场景。大坝合龙后，工程告竣后，接下来的工程是修建消力池和消力墙，紧接着要

啃的"硬骨头"是清淤。因清淤是在河床内进行，因此难度很大，一直延续到第二年才完成任务。

1971年，灌区建设的精彩之笔——修建九孔闸正式拉开帷幕。九孔闸闸孔垂直高度八米、基宽两米，闸栋用石头砌筑、水泥勾缝。东西两面的闸墙以水泥砖筑就，闸板用硬木制作，配有闸环和吊钩，提升时利用起密机操控。闸顶用木板铺垫形成工作平台，给操作人员创造了足够的活动空间。九孔闸是灌区的制动工程，对节制水流、实现引洪灌溉具有举足轻重的作用。当这项工程也高标准、高质量地完成之后，即宣告十八顷引洪灌区整体工程画上了圆满的句号。

十八顷引洪灌区建成后，各项工程指标都达到了设计要求。整个工程按百年一遇洪水设计，其主体工程基本实现了控制面积两万亩、有效灌溉面积一点三万亩的预定目标。在工程效益上，虽然引洪灌溉受益不大，但在消弭水患方面收到了显著效果。

群口快板·炒面书记

（一九七一年大南坊社中宣传队编）

合：东风劲吹响春雷，竹板一打响起来，今天不把别的讲，单把"炒面书记"来赞扬。

甲：有一个老农人人爱，怀中

老把宝书揣，毛泽东思想红旗举得
高，"艰苦"二字永不丢，下乡老
把炒面带，大家都来猜一猜。

合：他一是一谁？（问观众）对！
对！对！猜得对！他就是我县二忽
赛大队的党支部书记、优秀共产党
员张发啊！

乙：这个旧社会的小长工，过
去常年泡在苦水中，受尽了地主的
打和骂，饱尝黄连苦根根。

丙：万里晴空太阳升，盼来救
星毛泽东，张发从此出火坑，党的
恩情似海深。

丁：他对敌人切齿恨，他对人
民无限亲，艰苦奋斗干革命，赤胆
忠心为人民。

（白）张发的模范事迹多得很，
说几件小事，大家仔细听：

甲：六九年张发患重病，咳嗽、
哆嗦头发晕，

乙：人们劝他快看病，张发总
说不要紧，"活命哲学"要除根。

丙：一天县里来电话，以开会
的名义叫张发，张发听说要开会，
连夜步行到县城。

丁：县委知道他病的重，假借
开会让他来看病。张发一听很激动，
热泪盈眶向县委作保证，我的病情
不要紧，革命的重担我能挑动。

甲：有一次，干部来找张主任，
到处找来到处问，张主任究竟在哪

儿办公？

合：他走到哪儿就在哪儿办公，
他的双膝就是办公桌，文件就在衣
袋中，

乙：春节过年找不见他，他访
贫问苦到各家，三十晚上去忆苦，
大年初一去打靶。

丙：养猪场、饲养院，大队的
山林、土地全跑遍，哪里见活哪里干。

丁：肚子饿了拌炒面，整天忙
碌不得闲，炒面书记人人赞。

（白），解放前，二忽赛是个
穷山沟，人民过着牛马不如的生活，
解放后这变化可大啦！

甲：二忽赛大队条件差，山高
水缺石头大，十年就有九年旱，大
雨一来山洪发。

乙：张发手捧红宝书，贫下中
农跟他走，战天斗地决心大，治山
治水不治注，二忽赛实现了园田化。

丙：（白），张发住的那间土
窑也变了吧？

丁：叫同志你别忙，集体事业
他放心上，个人安危他不顾，现在
还住破土房。

合：先治坡，后治窝，毛主席
教导记心窝，下定决心学大寨，誓
夺粮食跨黄河。阶级斗争不能忘，
路线教育不放松，继续革命向前进，
共产主义早建成。

（注：张发生前曾任十八顷公

社二忽赛大队党支部书记，期间带领群众大搞植树造林，实现了经济收入和生态效益双赢。后来升任中共商都县委副书记、中共乌盟盟委常委。尽管他的地位变了，但劳动人民本色未变，依然是"头戴破毡帽，脚踏家做鞋，身背干粮袋，夜宿饲养院"，被人们亲切地称为"炒面书记"。）

农村改革篇

党的十一届三中全会之后，随着家庭联产承包责任制的全面推行，人民公社在一九八四年被正式废止，被废弃之后的人民公社又重新改称乡（镇）同时按照党政分开、政企分开的原则，各乡（镇）均设立了经济建设委员会，并且将原核算单位的财务账目和档案统一移交行政村分设代管，于是人民公社制度也就自然而然地退出了历史舞台，商都县的农业发展逐步步入正轨。

当然，同全国一样，商都县在推行农村经济改革的过程中也经历了许许多多的艰难曲折。

众所周知，由于集体经济组织规模的逐步膨胀和公有化程度快速提高又凸显出了管理能力和管理水平低劣的弊端——因此早在1976年，商都北部的部分农村就顶住压力、突破禁区，大胆地将"大锅饭"改为"小锅灶"，协调解决了集体

与个人之间的利益关系，调动了农民参加集体生产劳动的积极性。其中在1977至1978年，卯都公社卯都大队就通过实行"队为基础、任务到组、责任到人"的生产管理办法，劳动日值由此前的0.2元左右增加到了0.35元；人均口粮由此前的270斤左右增加到了365斤；人均纯收入也迅速增加到了55元。该公社的西水泉大队通过实行"以队核算、分组管理、土地到户、责任到人"的粮食、油料生产合同制，三项指标增幅更为明显。格化司台公社格化司台大队第一生产队通过实行"商品粮田责任到组，口粮田责任到户"生产责任制，向国家交售商品粮和农民人均口粮分别增长了18%和25%，农民的生活有了明显改善。这一年，全大队除了圆满完成9万斤粮食包干任务之外，还出售了3万斤议价粮，社员平均口粮保持在500斤左右，甚至有20多户农民的口粮达到了1000斤以上。玻璃忽镜公社两面井大队通过实行"分组作业，联产计酬"责任制，使集体收入、个人收入都有了明显增长。这些责任制的实行，虽然还未能彻底解决集体与农民之间最根本、最直接的利益关系，但已经充分显示出了它的强大生命力。后来适应形势要求，商都县又于一九八一年"半

路出家"（分青苗），全部推行了"大包干"生产责任制。在此期间，为指导和落实好农村经营体制的重大变革，县委、政府及时制定了《商都县关于实行农业包干到户责任制若干问题的意见（十条）》，就土地分配，粮油征购任务，种植计划，"五保户""四属户"、下乡知识青年和丧失劳动能力的特困户的生产生活以及提留摊纳费用、债权债务、财产管理、多种经营、计划生育、干部去留等十个方面作了具体明确的规定。

当时，由于推行"大包干"责任制时间紧迫、任务繁重，时值满地青苗的初夏季节，各地按照农民的食用习惯均采取了以作物品种分垄垄的办法，按分到的垄数经营管理收获。在具体分配时，绝大多数生产队采用按人分配和人劳各半分配的办法，对没有劳力的"五保户""特困户"，只划拨给口粮田，通过代耕的方式经营；对主要劳力从事其他工作的"四属户"也只分给口粮田。夏锄结束后，为了不影响秋耕，各地按照县委制定的《十条》规定，积极开展土地分等定级、划界、打桩等前期准备工作，并于九月底前完成了土地分配任务。与此同时，同"大包干"责任制配套进行的，除大中型农机具和水利工程设施外，其他牲畜、农具、车辆、畜棚、库房等集体财产也分别作价分给了社员。其中大牲畜按当时的市场行情作价，总价值除以人口或人劳各半比例为人均所得，家庭人口（含劳力）乘以人均所得为各家各户应分的款额。所有农户均按照应分款额，参与同等价值牲畜的抓阄分配；应分款额不足骡马价值的，也可以在自愿原则下联户抓阄分配；凡是没有分到耕畜的户，其耕种由生产队负责调配，一般交由有耕畜的户帮助完成，但要合理付给费用；对于车辆、农具则一律按组计价分配，由组内社员共同管理使用；对集体畜棚、库房则一律拆除，将椽凛作价分配到户，用于新建畜棚。在账务处理方面，则按照分畜人口和分到的畜数、农具、总价款等项目，全部建立台账，登记造册，以备后用。

然而在重新分配土地、牲畜和农具的过程中，一些过惯了集体生活的老农在思想认识上还一时难以转弯。但无论如何，通过实施"包干"责任制能够更好地贯彻按劳分配的原则，兼顾了国家、集体、个人三者利益，能够有效抵制瞎指挥，使社员群众真正成为生产经营的主人，从而切实促进了干部作风的转变，减少了损失浪费，实现了增产增收，堵住了"一平二调"和多吃多占的漏洞。即以实行"大包干"责任制第一年的1981年为例，由于在1980年全县遭受了历史上罕见的自然灾害，造成当年缺籽种100多万斤，缺饲料600多万斤，缺饲草6000多万斤，全县吃返销粮7000多万斤的严重困难。但由于采取"大包干"责任制调动了千家万户的积极性，激励人民群众一手抓抗灾救灾、一手抓夏季田间管理，使全县上下呈现出一种"九年爬坡，个个出力"的良好局面。故而在遭受严重伏旱和风、雹、虫灾危害的基础上，仍获得了平年偏丰的较好收成。这一年，全县粮食总产达到了1.43亿斤，较同等灾年的1980年增长90.3%；油料总产量达到1399万斤，较一九八零年增长91%。全县共向国家交售商品粮2004万斤，交售油料1010万斤，超额1倍多完成了包干任务。

当然，全面推行"包干"责任制绝不仅仅是简单的经营管理形式变化，而是一场自土改、合作化以来，在农村发生的重大政治、经济和社会变革。因此，实行"大包干"绝不能简单地一分了之，因为在完善农村联产承包责任制的过程中还有许多新情况、新问题需要探索、研究和解决。

也就是在这种情况下，县委于1982年1月18日派出调研组就推行"包干"责任后，如何处理"统"与"分"的关系、如何开展多种经营解决剩余劳动力问题、如何加强农村基层组织建设、解决新造林和现有林的管理问题以及粮油定购指标、如何确定小畜"三年本对利"的利弊问题和如何使合同兑现兼顾三者利益等问题进行调研——通过实地调研，总结和转发了不少先进社队的经验和做法，提出了许多有价值的意见和建议，为各级领导指导和完善"大包干"责任制提供了依据。

不过，在有些公社和大队发生的种种乱象也令人感到纠结——同年7月，县委调研组发现小海子公社田家村大队自实行"包干"责任制后，由于工作上的疏忽，致使全大队的水利电力设施和各种农机具累计损失总价值达到3.5万多元。

针对田家村大队集体财产受到严重损失的实际情况，县社工作队结合打击经济领域犯罪活动斗争，在全大队展开了声势浩大的公物还公活动。他们坚持从思想教育入手，组织干部群众认真学习中共中央〔1982〕1号文件、中共乌盟盟委和行政公署《关于实行农业生产责任制的草案》，全面开展了一个坚持（坚持社会主义道路）、两个长期不变（生产资料所有制长期不变，生产责任制形式长期不变）以及三个兼顾（兼顾国家、集体和个人）学习教育活动，同时通过召开党支部会、队干部会、党团员会和群众大会，层层发动群众，自觉归还集体财物。在教育活动中，他们采取以案说法的手段，特别强调要严明宽严界限，保证政策兑现。在整个公物还公活动结束后，工作队还协助大队党支部依据当地实际情况制定了切实可行的村规民约，经群众反复讨论后正式付诸实施，从而有效遏制了田家村毁林毁机毁水利设施的现象。

在吸取田家村哄抢集体财物经验教训的基础上，中共商都县委、商都县人民政府针对农村体制变革后由于基层领导认识模糊、思想混乱、管理松懈，造成水利设施被破坏、林木乱砍滥伐严重等问题，相继在十八顷公社召开了水利管理现场会，在西井子公社召开了林木管护现场会。会议坚持以参观务实、讨论务虚为宗旨，充分肯定成功经验，揭露存在问题，同时作出了《关于认真贯彻中共中央〔1981〕28号文件精神，大力推广西井子公社的经验，大打林业翻身仗的决定》。《决定》指出，西井子公社坚持按照客观自然经济规律办事，因地制宜、因害设防，大搞植树造林，收到了显著成效。

由于西井子公社面对分户经营的压力依然能够坚持贯彻"林牧为主，多种经营"的方针持之以恒勇于创新、并且自始至终都没有发生过一起毁坏林木的事件，因而促使中共乌盟盟委、乌盟行政公署联合发文，向全盟各旗县全文转发了这个《关于认真贯彻中共中央〔1981〕28号文件精神，大力推广西井子公社的经验，大打林业翻身仗的决定》，明确提出了向商都县西井子公社学习林木管护经验的号召。

在此基础上，中共商都县委、商都县人民政府趁热打铁果断出击，紧紧围绕"三毁一开"（毁林、毁水、毁机、开荒）、公物还公和健全完善林水机电责任制等亟须解决的问题，综合运用政治、经济、行政和法律手段，在全县范围大张旗鼓地掀起了一次集中整治农村社会治安和经济管理秩序的突击行动，及时刹住了"三毁一开"的歪风。

为了清除几十年来形成的穷过渡思想和"大锅饭"弊端，县委调研组又深入到卯都公社三面井大队，以"农民解决了温饱问题后想些什么"为题展开了认真深入的调研。通过实地走访调查，调研组了解到通过推行"包干到户"基本解决了吃饭问题之后，群众强烈要求开放自由市场，准许发展家庭副业的欲求之后，不失时机地提出了"长远富，多栽树，当前富，猪鸡兔"的口号。调研组的同志认为，通过扶持群众发展家庭规模养殖业，走成本低、收益高、见效快的路子，固然不失为提高个人收入、增加社会财富的有效途径，不过从长远的发展方向考虑，还是应当大力开展植树造林——因为尽管植树造林的周期要相对长一些，但恢复植被、防治风沙危害是发展农牧业生产的根本大计。因此种树就是种富，只要把植树造林作为造福子孙后代的长久之计持之以恒地抓下去，商都的发展前景就大有希望。这个调查材料印发全县之后，不仅很快就在全县范围内形成了养殖猪鸡兔的高潮，使社员的家庭收入普遍有所增加，同时还有不少社员自发地在房前屋后和集体划拨的林地大面积植树造林，于是很快就涌现出了为数众多的林业专业户和重点户，从而为发展林草业和养殖业奠定了坚实的基础。

为了进一步规范和完善"大包干"责任制，县委调研组又会同小海子公社党委深入到向阳大队，就如何理顺"统"与"分"的关系展开了实地调查。通过调查，他们了解到这个大队在"半路出家"前就建有颇具规模的林场、果园，各种工副业、大中型农机具应有尽有，

曾经是全县经济实力较强、各项工作都比较突出的先进典型。但在推行"大包干"责任制的过程中，有些人把"大包干"同分田单干等同起来，极力主张瓜分林场、果园、集体工副业和大中型农机具，然而面对群众的压力，大队党支部不是随波逐流，而是通过学习文件、领会精神、统一思想，硬是坚持该统则统、该分则分的原则并且摸索总结出了一套"三分九统，突出包"的管理办法：其中"三分"是指土地分户经营、牲畜作价到户、小农具作价归个人；对"三分"以外的其他事业，特别是单家独户难以承担的则要实行九统，即：统一种植计划、统一水地作物的种植和浇水、统一管理集体工副业、统一管理大中型农机具、统一管理集体林场果园、统一种植蔬菜、统一提取管理费和公益金、统一管理种公畜、统一管理用电；凡属"九统"项目，一律按照利润分成、自负盈亏、适当补贴的形式实行专业承包。就这样，通过"统"的功能，较好地解决了国家粮油生产及征购计划的落实，既避免了水地种成旱地和用水纠纷，又使得"五保户"生活得到了保障、剩余劳动力得到了妥善安置。

向阳大队的经验，为陷于困顿

的农村改革指明了方向。1982年6月6日，中共商都县委又转发了玻璃忽镜公社党委"在包干到户后为特困户试建劳动致富帮扶小组"的做法和经验。玻璃忽镜公社针对农村推行包干责任制后，尚有部分社员群众的生产生活存在一定困难的实际情况，将造成困难的原因归结为如下几种类型：一是家庭主要劳力常年患病，子女尚未成人；二是"大锅饭"时期，养成了一些人难以根治的惰性，生在农村不会务农；三是家庭主要成员属弱智、残疾型，生活难以自理。这三种人在大集体时期不会务农也可以打混混，挣不回工分照样可以分口粮。实行包干责任制之后，由于失去了集体供养的依靠，日子自然就过得十分艰难啦。面对这种情况，公社党委和管委并没有甩手不管，而是通过建立救助型的帮扶小组，从思想上热心向他们宣传党的方针政策，鼓励他们自力更生，克服困难，树立摆脱贫困状态的信心和勇气；在生产上按照农事活动的任务，帮助他们做好计划安排，并检查督促，负责落实，对技术性较强的农活，帮扶小组采取互相拨工、换工的办法具体解决，确保各项农活不违农时；在生活上帮助他们制定用粮计划、收支计划、生产计划；在家庭副业生产上，根据各户的具体条件，帮助他们解决仔猪、种兔，努力发展"小三养"，增加收入——通过帮扶，不仅使困难群众看到了希望，增强了信心，走上了自食其力的路子，而且透过玻璃忽镜公社的做法让全县人民看到了实现共同富裕的希望。

思路理清业自精，达成共识之后，县委调研组又紧锣密鼓地针对家庭联产承包砸烂了"大锅饭"之后，如何解决干部补贴中的"小锅饭"问题深入到玻璃忽镜公社进行调研。

经过实地调查，全县采取精兵简政的办法，一次性精减行政村干部151名，较上年减少开支4.3万元；同时坚持严格审批手续，严格控制提留项目和数额，减少提留7.8万元；采取办事业量力而行，不铺张浪费、不做表面文章，减少"形象工程"费用11.3万元；采取积极发展乡镇企业，鼓励支持村办企业，增加收入，减少摊派3.5万元。在此基础上，中共商都县委、商都县人民政府又于1983年1月4日印发了《关于夺取今年农业丰收意见》，并且在《意见》中特别强调要进一步完善土地承包合同，明确提出要在巩固家庭联产承包责任制的基础上，实行双层经营责任制，充分发挥集体'统'的功能，由集体统一组织大型农田基本建设、植树造林、畜疫防治等活动。同时要不断强化社会化服务，为农民在产前、产中、产后提供信息、技术、资金、植保、机械、仓储、流通、管理等方面的服务。特别要抓好合同定购粮与平价化肥、柴油和预购定金'三挂钩'政策的落实。"《意见》的出台，极大地推动了农业、科技、信贷等各个领域社会化服务体系建设的步伐，为不断开创"三农"工作的新局面提供了强有力的政策支撑和制度保障。

乡镇企业篇

1984年4月，鉴于农村家庭联产承包责任制已经彻底动摇了计划经济体制的现实状况，商都县按照上级要求，正式宣布将过去的22个人民公社更名为一个镇（即城关镇）二十一个乡，同时逐步引进各种市场要素及商业竞争理念，很快就在各行各业尤其是在乡镇企业领域形成了一种突飞猛进的发展势头。

其实乡镇企业的前身就是人民公社时代的社队企业。只是在新中国诞生初期，由于组织化程度不高，还没有把这类经济部门单独分离出来。然而在1958年"大办工业"的口号声中，随着人民公社化运动的全面推进，为了解决生产生活所需，商都县正式发出了要在全县范围内大办社队企业（公社一级办的称社办企业，大队一级办的称队办企业，合称社队企业）的号召。于是包括磨面、榨油、制衣、酿造以及木器加工、农具修理等各式各样的社队企业一下就发展到166个、从业人员一度达到了634人。在此基础上，

绣花厂生产车间女工在刺绣

商都县认真贯彻落实区、盟两级制定的开放搞活政策，坚持把发展乡镇企业（1984年社改乡后"社队企业"改称"乡镇企业"）当做推动地区经济发展的重要载体，扶持22个乡镇普遍成立了农机总站，有的乡镇还涌现出了不少小有名气的能人大户。据统计，截至1984年底，全县正式注册的乡镇企业已经发展到了1219家，从业人员一度达到2378人，固定资产总值高达992.9万元，全年共计完成社会总产值518.9万元，实现利润52.87万元，初步形成了乡镇企业一枝独秀、改革开放波澜壮阔的可喜局面。

在1993年，商都县又相继印发了《关于兴办乡村工业和第三产业的决定》、《商都县由"温饱战略"向"小康战略"迈进，实现历史性转移的实施规划（纲要）》和《关于改革乡镇财政体制实施意见》。这

毛毯厂生产车间

改革开放初期的十八顷乡地毯加工车间

三个文件紧紧围绕发展社会主义市场经济这一中心，对加快第三产业发展和大力推进农村工业化进程等一系列重大战略问题作了全面安排部署。随即在短短几年的时间内，商都县的乡镇企业便异军突起，很快形成了以建材业、采矿业、地毯编织、机械加工和农畜产品加工等12个行业、20多个产品的生产体系。到1996年底，全县乡镇企业总数已经达到了8840个，从业人员达到15568人，总收入达到11270万元，实现利润535万元、税金462万元，农民从事乡镇企业人均增加收入110元。

后来，随着改革开放的深入发展和"换脑筋工程"的全面启动，商都县又在推动乡镇企业发展过程中取得了新的突破。总结历年来全县发展乡镇企业的成功经验，主要有如下五个方面：

一是解放思想、更新观念。在人民公社时代，社队企业曾经被当做滋生资本主义的土壤被严格限制和严厉打压过，因此对乡镇企业发展过程中出现的新情况和新问题一定要充分理解配合，甚至对一些暂时还无法确定的新思路和新举措也要允许别人去实践和探索，要务必破除小市场意识，树立大市场意识；破除小资源意识，树立大资源意识；破除小乡镇企业意识，树立大乡镇企业意识。也即不仅要摆脱计划经济的桎梏，而且要瞄准全区、全国的大市场办企业上项目；不仅要开发利用地下资源，而且要充分利用异常丰富的土地资源、人力资源、林业资源及农畜产品资源；不仅要把乡镇企业看做是支撑农村经济快速发展的支柱产业，而且还要把乡镇企业当做包括多种经济成分、多种产业结构的新兴产业来培育经营。

二是自主经营、多轮驱动。乡镇企业不仅是社会主义市场经济的组成部分，也是衡量地区经济发展水平的重要尺度之一。特别是像商都这样的国家级贫困县，发展乡镇企业更具无比旺盛的生命力和异常光明的发展前景。为此，商都县不仅通过建立高品位的乡镇企业项目库，帮助个体私营企业选项目、扩规模、上档次，并且像过去办集体企业那样积极为个体私营企业提供资金技术、法律咨询等各种相关公共服务，同时对各类小型企业、联营企业、股份合作企业以及外商投资企业均要给予周到热心的扶持和帮助。

三是因地制宜、合理布局。商都县是一个传统的农业大县，但农牧业基础又十分薄弱。因此发展乡镇企业的着力点就必然离不开农副产品加工也即要走种养加一条龙、贸工农一体化、多层次转化增值的路子。鉴于这种状况，商都县首先选定城关镇、十八顷、屯垦队等社队企业基础比较扎实的地方，一方面大力发展劳动密集型产业，一方面依托城镇周边地区供水供电便利、交通运输发达的资源优势和区位优势，按照互惠互利合作共赢的集群开发模式，初步形成了统一规划、集中连片、一乡一业、一村一品的乡镇企业建设格局。

四是深化改革、增强活力。乡镇企业尽管最初发端于社队企业，但无论管理水平还是经营模式等各方面都存在很大的差别。因此在逐步建立健全乡镇企业经营管理机制的过程中，首先针对社队集体企业开展了一次全面细致的资产清查工作，然后又在澄清债权债务、明确产权关系的基础上采取抵押承包、股份合作、租赁经营等多种形式，彻底解决了政企不分、管理混乱等弊端。

五是拓宽融资渠道、提高综合素质。随着乡镇企业的快速发展，资金短缺的矛盾便很快浮出了水面。加之像商都县这样的贫困地区，一般在创办乡镇企业的初始阶段技术含量都很低，经营管理水平更是无从谈起。因此要切实保证乡镇企业井喷式的发展势头，除了要努力争

工业品市场

取国家金融机构的资金扶持之外，还得借助政府制定的优惠政策开辟新的融资渠道，同时要不断提高产品的科技含量和人员的综合素质，特别是要通过对老企业加强技术改造、对新企业建立技术准入机制的办法，大力开发名、优、新、特产品，进而确保乡镇企业能够真正开拓创新发展的新领域。

商贸流通篇

商都县开地拓荒起步较早，只要勤于耕作，就能得到温饱，故而在这一带曾经有过"要发财、到七台（即商都县城）"的美谈。此外，由于商都县恰好处于张家口、大同、集宁与北部边陲地带的联结点上，加之在刚刚建县的时候，因这里地处偏远，又系初垦之地，所以在日

寇入侵前这里的工商业，尤其是商业经济曾一度出现过蓬勃发展的势头。当时察哈尔以南地区以及晋、冀两省的商人和手工业者纷纷前来开设商店作坊，在城内几条主要街道如隆盛街、鸿发街、福寿街、文化街一时商贾云集店铺林立，每逢庙会赶场或农闲季节，更是车水马龙摩肩接踵，好一派富足安康的繁荣景象。

据资料记载，在20世纪40年代初期，商都县的城镇居民尚不足万人，但在城内从事工商业和服务业的大小商号就已经发展到145家之多，从业人员达1570多人。为了占领塞外市场，来自张家口和察哈尔以南地区的一些富商普遍采取货物赊销的办法，卓有成效地解决了

改革开放初期的糖酒公司

改革开放初期的副食品商店

当地小商小贩筹集资金的困难，从而极大地刺激了商业的繁荣发展。当时，有30多家商号与张家口的"永发和""源新长"等巨商建立了赊销优惠关系；此外兴和白脑包的王家也是塞外闻名的垫本巨商，他们除了在兴和县布设商业网点外，从20世纪30年代开始向商都发展，很快就在商都城内发展了一大批商号——据说凡属王家的商号名称都带有一个"裕"字，这些带"裕"字的商店、粮店至少也有十几家。

另据《商都县事情》记载，当时手工业方面主要有酿造、制糖、糕点、豆腐、制鞋、洗染、皮坊、剪刀、木工、铁匠、银匠、翻砂、白铁、笼箩、柳编等，共计52家，从业人员260余人。其中酿醋和酿酒是手工业中最兴旺的行业，比较著名的有白、薛、滑、陈四大醋铺；酿酒业则大都为粮店兼营，其中永泰店、裕顺兴、万源永和万盛永为挑头的四大缸坊。

在商业经营方面主要有布匹、棉花、百货、粮食、皮毛、五金、土产、医药、化工、陶瓷、酱菜、故衣、水果、杂货等，共计58家，从业人员达1160余人。其中棉布、绸缎、百货、粮食最为兴盛。在这些商号中有一个"协力生"商店以货真价实、言无二价驰名，凭薄利多销服务周到吸引了远近农民纷纷慕名前来光顾，因而买卖极为兴隆。

此外还有裕顺兴、裕源店、裕盛永、泰和店、万盛永等享有盛誉的14家粮店。这些粮店除涉足本县的粮食购销业务之外，还吸引了陶

林县的后大滩和察哈尔右翼右后旗中部、北部的广大农民前来商都售粮购物，为了方便这些来自数百里之外的农民兄弟，各大粮店纷纷提供免费住宿和免费就餐等各种条件，同时不断增加经营门类和品种，普遍兼营酿酒、榨油和加工米面，初步形成了以粮、油、米、面、豆、酒六种农产品为主打品牌的"陆成行"。

在餐饮服务业方面当时主要有饭馆、旅店、缝纫、理发、照相、澡堂、镶牙、修表、修车、肉铺等共计35家，从业人员达140余人。其中永顺居、德兴园、三兴美是驰名全县的三大饭馆。

后来，从中华人民共和国成立初期到改革开放，商都县的工商业又经历了一个由"兴起"到"凋敝"再逐步走向"繁荣"的过程。

直到20世纪90年代，随着集体商业悉数转制，商都县的商业经济才真正迎来了它的春天。

党的十五大之后，商都县商

农民经纪人为农民提供仓储物流服务

蔬菜运输

贸流通领域中各生产力要素更加活跃，参与市场竞争的个体经济、新生实体以及物流企业纷纷在批发、零售业界大展身手。加上活跃于城乡各地的坐地摊贩、流动商贩和中介人市场日渐成熟，在县工商部门正式注册的非公有制商业企业总共有3700多家，资本总资金达230,546.6万元，从业人员达数万人之多（2013年统计）。这些商业企业不仅点多面广、业态多样，而且经营种类丰富，经营模式新潮，为满足广大群众生产生活所需、推动社会经济发展发挥了积极作用。

按照第三产业行业管理标准，目前全县商贸流通领域的主要类别大体上可以梳理如下：

生产资料类：主要有农机、农膜、化肥、种子、成品油等，其中成品油经营户有40家。

农副产品加工销售类：主要有肉食品、米面油、副食品、食物成品、蔬菜、水果、水产等，其中肉食品

人民公社时期的县委招待所

加工经营户 390 家,食品从业户(包括饭店)883 家。

日用工业消费品类:主要有烟酒副食、五金日杂、服装鞋帽、化妆品、保健食品、家纺产品、箱包、电动车、摩托车、自行车、汽车等,其中酒类批发、零售经营户 700 多家,卷烟经销户 685 家,粮食经营实体 31 家。

现代家居用品类:主要有家用电器、家具、厨卫洁具、灯饰、水暖设备、装修材料、窗帘布艺、建筑材料、花卉、手工艺品等,其中建材一条街从业户 70 多家。

餐饮服务类:有旅馆、饭店、理发、照相、镶牙、卫生保健、眼镜配制、车辆维修、电器维修、废品回收、家政服务等,其中餐饮服务点 327 家(大型 18 家,中型 14 家,小型 295 家),城乡小学和幼儿园食堂 25 家。

房地产开发类:包括门脸房、住宅楼、商品楼、商业步行街开发经营,至 2013 年,县城住宅小区开发点达 30 多处。

文化信息经营种类:主要有文具、书刊、字画、手机等,其中手机营销户达 30 多家。

新生业体类:主要包括商场、超市、宾馆、酒店、步行街等等。其中继 20 世纪末先期开业的商都宾馆、荣都饭店、新城宾馆、世利大酒店、蒙古大营之后,又有福城大酒店、商都西苑酒店、商都国际酒店等一批大型新生业者在县城联袂登场。它们集餐饮和旅宿服务为一体，既开展日常营业，又承办庆典和会议服务，成为拉动全县消费的一支重要商业力量。

一、商业步行街

1.温州步行街位于商都县城中心新风路南，南北走向，全长235延长米。街面以紫红色花岗岩铺就，街两侧为商住两用时尚二层楼房，其中商业用房112间。为2004至2005年引进温州客商投资兴建，总投资1400万元，2005年12月正式投入运营后，吸纳入驻商户102家，有从业人员224人。主要经营时尚服装（男装、女装、童装、老年装）、皮（布）鞋、化妆品以及具有地方特色的服装、鞋帽、手套、小商品等，年营业额1100万元。

2.金都步行街由本地投资商开发建设。2011年拆迁原毛毯厂旧房投入施工，2013年完工面世。街长260延长米，占地面积2万平方米，建筑面积7万平方米。路两边建设大小商铺43间（其中三层楼房7间，二层楼房31间，底层一楼5间），住宅楼2幢16个单元，凉房、车库133间。迎北面大街建有三层大型商业楼1座，称金都商场，建筑面积3000多平方米。街道商铺主要经营服装、药品、化妆品、五金、美容、

金银首饰等。

二、改建市场

自1990年后陆续建立起来的牲畜交易市场、建材市场、农机市场、工业品市场（商海）、蔬菜批发市场、旧货市场、"两杂三粉"（杂粮、杂豆、粉丝、粉条、粉皮）市场、农贸一条街、中都市场等等大都失去了相应的市场功能，目前得以保存下来并且尚能正常运行的有：

"商海"大楼。目前只有一楼还在照常营业，共有210个铺位，主要经营大众化服装鞋帽、家纺产品、小商品等，年营业额400万元。北楼已开发为"新商海"，生意还算兴隆。

建材市场。原建材市场位于商业三条街路北，投入使用后遇冷，现已被改造为居民区。2005年在七台大街北段（生资加油站南，牌楼北）集纳商户经营木材、建筑装饰材料、水泥等，形成了具有一定规模的建材市场。计有迎街营业场所70余家，从业人员包括装卸工、油工、水暖工等800多人，年营业额约1亿元。

蔬菜批发市场。位于原外贸公司大院内，有配备出租房的常年摊位20个，季节性摊位50个，从业人员70多人，年营业额5000万元。

旧货市场。位于县城新兴路南，设有7个摊位，20个从业人员，主

要经营旧家具、旧家电、旧生活用品，每个摊位年均营业额20万元。

中都农贸市场。位于新风路北，与公园社区办公楼相邻，占地面积18.6亩。2013年斥资续建，在原有116间商铺基础上，新建1300平方米全封闭电暖钢结构大棚、1200平方米封闭蔬菜销售摊各1处。配备了民用高压线和专用变电箱，安装了大门、路灯、LED信息屏和电子监控。南、北门贯穿一线，直通两面主街道。主要经营蔬菜、瓜果、水产品、禽蛋、肉类、粮油等农副产品。从业人员280人，管理人员6名。

农副产品早市。2011年前设在祥和广场西侧空地，后改设在府右北路。每天早八点开市，九点左右关市。主要经销本土农副产品，有各类蔬菜、水果、鲜肉、豆制品、面制品，以及少量服装鞋袜及"舶来品"。价格随行就市，一年四季交易不断，是广大消费者的热门选项。

宏达农产品交易中心。2008年，小海子镇依托蔬菜产业优势，引进集宁客商宏达农贸有限责任公司，在西芹产地宋家村兴建。占地面积80亩，建筑面积6500平方米，建有储量为2600吨的大型恒温库，总投资3600万元。投入运营后，商情看好，既解决了当地菜农卖菜难问题，又把蔬菜生产、收购、储藏、销售等环节连接成一个产业链，为当地蔬菜产业升级和市场开发起到助推器作用。

三、万村千乡市场工程

2005年启动试点工作。2007年正式实施，当年批准成立32家，年底全部通过验收。2009年，有51家被列入规范化和标准化改造计划，有19家完成了改造任务，并争取到配送中心55万元的专项补助。期间，农家店商品配送和企业配套管理趋于完善。2010年，经验收合格的标准化日用品农家店和农资店增加到70家，营业占地面积4080平方米，创造就业岗位130多个，乡镇覆盖率达100%。此间，为农家店提供货源的都得利超市配送中心，仓储面积达2000平方米（其中冷藏面积空间较大，可存放350吨货物），年配送商品金额4000万元。

盐业专卖店：1998年，原副食品公司转制后，成立了商都县裕丰盐业有限责任公司。公司于2011年被纳入自治区盐业体系后改称商都县盐业自营专卖店，属股份制企业。

鸿达煤炭储运有限责任公司：成立于2002年7月，是一个批发经营煤炭、服务半径涉及商都县及周边地区的股份制民营企业。注册资金2656万元，储煤场占地面积19980平方米，备有电子汽车秤、电子天平、水分测定仪、灰熔点测定仪、测硫仪、量热仪、喷淋器等计量、质检和环保设施。建成2条转运线，有效长度分别为933延长米和878延长米，年中转、集运煤炭量200万吨。

液化气站：计划经济时期的燃料公司，除主要经营煤炭外，也兼营液化气。随着公司转制，该项业务由公司个别员工承包或自主经营。在商海沉浮中，这些经营户有的自生自灭，有的坚持营运至今，比较突出的是商都县腾达液化气站。

电商服务平台建设：商都县自2016年被确定为国家级电子商务进农村综合示范县以来，共引进全国知名电商企业6家，培养本土电商企业12家，目前已建成47个农村电商服务站，覆盖了全县10个乡镇中的80多个村庄。农村电子商务不仅可以为农民网购到质优价廉的生产生活资料，还可以提供网络订票、信息查询和水电费交纳等各种便民服务，切实解除了群众的后顾之忧。

附：新中国成立前商都城内工商业门类简介

一、手工业方面（从业人员约260余人）

（1）酿造业：

酿醋：白醋铺、薛醋铺、滑醋铺、陈醋铺（统称："四大醋铺"从业人员共40余人）

酿酒：当时粮店兼营酿酒，计有永泰店、裕顺兴、万源永、万盛永（统称"四大缸坊"）

（2）制糖：郭糖坊、赵糖坊、刘糖坊、姜糖坊（从业人员共约24人）

（3）糕点：晋生号、瑞记（从业人员共约17人）

（4）豆腐：共7家（从业人员共约15人）

（5）制鞋：德盛斋、张记鞋铺（从业人员共15人）

（6）洗染：白染坊（从业人员3人）

（7）皮坊：其中黑皮坊7家（从业人员30余人）、白皮坊1家（从业人员7人）

（8）剪刀：广丰厚、聚昌和（从业人员18人）'

（9）木工：有铺面的只有棺材铺一家，其余木工均为个体（从业人员30余人）

（10）铁工：其中铁匠炉2家（从业人员6人）、翻砂3家（从业人员24人）、白铁3家（从业人员3人）、银炉3家（从业人员8人）

（11）笼箩：其中箩铺1家（从业人员7人）、柳编2家（只能编水斗、料笸箩之类，从业人员共10人）

二、商业方面（从业人员共约1160余人）

（1）布匹（包括绸缎、百货）：

裕兴德、裕成涌、裕源魁（西）、得瑞源、恒德茂、东升泰、裕源魁（东）、增盛祥、景华新、双盛祥、双盛永、裕成永、福庆德、裕盛源、德盛公、大诚德、元和德、巨义祥、福兴永、庆源永、富利成、得盛源、崇义兴、福庆公、光升明、庆泰祥（从业人员共300余人）

（2）粮店（包括酿酒、榨油）

裕顺兴、裕源店、裕盛涌（东）、泰和店、万盛永、永泰店、俗盛涌（西）、永成店、万源永、万成店、德兴昌、福盛店、德源店、福兴德（从业人员共有约570余人）

（3）五金：德源长、瑞和永（从业人员共20多人）

（4）土产：义丰源、广义长、德泉永、德泰隆（从业人员共40余人）

（5）医药：春和玉（从业人员15人）

（6）化工：（包括油漆、染料、玻璃、瓷器）瑞福祥（从业人员9人）

（7）酱园：庆丰恒（从业人员9人）

（8）故衣：福顺长（从业人员7人）

（9）水果山货：富顺店、东升店（从业人员18人）

（10）皮毛：永聚店、张生明毛店、张华毛店、张英毛店、（从业人员约40余人）

（11）杂货：华升泰、协力生（从业人员23人）

（12）摊贩：从业人员100多人。）

三、服务业方面（从业人员140余人）

（1）饭馆：永顺居、德兴园、三兴美（从业人员22人）

（2）肉铺：有10余家（从业人员40余人）

（3）旅店：有5家（从业人员15人）

（4）缝纫：有10家（从业人员40余人）

（5）理发：三星、广记共2家（从业人员8人）

（6）照相：有1家（从业人员3人）

（7）浴池：有1家（从业人员5人）

（8）镶牙、修表：有2家（从业人员7人）

（9）修自行车：有1家（从业人员3人）

除上述设有固定门市和铺面的厂、店外，城内还有上百家在街巷摆摊设点的小商小贩。为了切实加强商业管理，商都县商会还下设了绸布工会、米粟工会、杂货工会、小商工会等具体办事机构，这些机构在日居时期曾一度合并到了"三菱株式会社"的名下。这样一来，日寇就完全垄断了全县的经济命脉，由于日寇将粮食、布匹、棉花、食糖等生活必需品统统列为"军用品"，只许"株式会社"经营，同时对非军用品物资实行限价销售，加之经济警察经常上门检查或趁机敲竹杠，因此在日本人占领商都期间，除了个别与敌伪实权人物相勾结的大商人还能够勉强维持现状之外，其他与军、政、警、宪没有联系的商店均濒临倒闭，可是申请歇业又得不到准许，所以不少商店基本上都陷于坐吃老本的瘫痪状态。

抗日战争胜利后，曾经一度给工商业者带来了曙光。但接踵而至的内战严重制约着工商业的发展，这种状况一直持续到中华人民共和国成立前夕。

基础产业篇

国以民为本，民以食为天；据说在人类历史上的第一次产业分工就是农业和畜牧业的分道扬镳，于是随着耕作技术的不断改进和粮食产量的不断提高，农业的主体地位便得到了普遍认可。特别是到了20世纪90年代之后，由于人口越来越多、草场越来越小，加之地球温室效应导致的生态环境持续恶化，促使传统的畜牧业生产遭受到了严重的打击，于是随着传统畜牧业在国民经济中所占份额的不断缩减，畜牧业便从其至高无上的主宰地位沦

纵横大地

地膜覆盖栽培

落到了大农业内部结构调整的配角而日渐衰败下来。

当然，在调整大农业内部结构的考量中，也有一个循序渐进的过程。比如在建国后相当长一段时间内就一直强调要以粮食生产为主，所有畜牧业生产便自然只能长期处于从属地位而得不到应有的重视和发展。后来在1985年，内蒙古自治区党委提出了"念草木经、兴畜牧业"的口号，但仅仅实施了不到两年时间就中断了。直到1992年，原乌兰察布盟盟委又在不断总结经验的基础上提出了以实施"三亩田"建设为主攻方向的经济发展思路，要求农户每人种好一亩水地、二亩稳产高产田，剩余的土地则要全部退下来种草种树。在此基础上，乌兰察布盟盟委又于1994年作出了在全盟范围内实施"进退还林"战略的重大决策，于是商都县调整大农业内部结构的力度也明显加快了。

不过只要沿着商都县农牧业发展变迁的历史足迹一路追寻，便不难发现一个十分有趣的现象：那就是每当我们将工作重心转移到"三农"问题上，我们的社会就会稳定、经济就会发展，而每当我们偏离了农业、农村和农民这条主线，就难免会经受一系列的艰难和曲折。所以从中华人民共和国成立初期的土地革命开始，无论"大跃进"、人民公社还是十一届三中全会之后的改革开放，都似乎无一例外地要围绕土地做文章——甚至就连毛泽东在战争年代提出的"以农村包围城

商都县中谷奶牛生产基地的田园风情

市"和人民公社时代奉行的"以粮为纲全面发展"乃至于李克强总理在政府工作报告中一再强调的"农业为重中之重"也是一脉相承的。特别是相对于商都这样一个有着将近34万人口的农业大县而言，更是在任何时候、在任何条件下都没有动摇过农业的基础地位。

念草木经、兴畜牧业

1986年12月10日至16日，商都县召开县委工作会议，集中研究解决对自治区党委提出的"念草木经、兴畜牧业"的理解认识问题。

为了全面实现商都县《念草木经、兴畜牧业，建设农牧型经济规划》提出的各项目标任务，县委要求各乡镇和各部门必须以高度的革命责任感和脚踏实地的科学求实精神，切实抓好以下五项工作：

一是要立草为业，大力种草种树。全年种植优良人工牧草不少于10万亩，种树10~12万亩，围建草库伦3万亩；要兴建饲草料加工点12个，较原有加工点增加5个。

二是建立健全农牧业科学技术服务体系。县里要成立"科技信息综合服务中心"，乡镇要设立"科技综合服务站"，行政村要成立"科技服务组"，要在权限范围内建起"四张网"即：科技培训网、畜禽防疫网、畜禽改良网、技术承包网。

三是要抓好五大区域建设。北部林牧经济区主抓章毛勿素乡；中部农牧林经济区主抓玻璃忽镜乡；南部粮油经济区主抓十八顷乡；城郊经济区主抓城关镇；牧业经济区主抓小庙子嘎查。在此基础上还要抓好12个典型即：二道洼乡乔灌结合植树造林点；十八顷乡商品粮基地和乡镇企业点；大黑沙土乡旱作农业和养兔基地点；十大顷乡奶牛饲养、改良冷配点；范家村乡小流域治理和封山育林点；高勿素乡科学种田点；西井子乡饲草料加工点；不冻河洪水灌区治理点；四台坊乡青贮、种草育肥点；小海子乡畜禽防治三养点；三虎地乡乡镇企业点。

四是各行各业都要制定切实可行的"念草木经、兴畜牧业"服务规划并全面付诸实施。

五是要继续抓好粮食生产，实行集约化经营，提高单位面积产量。特别要加强农业基础设施建设，改善农业生产条件，推广高勿素乡八十五号村科学种田和西井子乡大南坊村旱作农业增产的经验，改变传统的粗放经营习惯。要注重调整种植业结构，适当增加经济作物和青饲料的种植面积。积极开展农田水利建设，水浇地面积达到10~12万亩，其中清水面积5万亩，洪水浇地7万亩。

"念草木经、兴畜牧业"调动了广大农牧民种草养畜的积极性。1987年，全县林业生产在严重干旱的情况下，全年完成造林面积10.2万亩，完成育苗439亩；为下年春季造林提前整地2.6万亩；全县共播种牧草16.8万亩，比原计划多播了7万亩，其中播种多年生牧草9.4万亩，当年生牧草7.5万亩，围建草库伦3.54万亩；全县大小畜牧业年度

绿草如茵的农家小院

高效农业为农民致富插上了腾飞的翅膀

达到了 46.92 万头只，比上年同期纯增 16.3%。

"三亩田"建设

1990 年 3 月，商都县按照乌兰察布盟委的要求，作出了《关于稳步发展农业生产，加快"三亩田"建设的决定》，并且组织制定了《旱作稳产田技术操作规程》和《水地稳产田技术操作规程》。

其中水地园田化的种植标准为：1.水、渠、田、林、路五配套；2.亩均刮畦 20 个；3.深耕 7 寸以上；4.亩施农家肥 5 立方以上；5.采取统一作物布局、统一良种纯种、统一深耕、统一浇水追肥、统一防病除虫、分户收获的方式经营；6.单产要达到 500 斤以上。

旱作稳产田科学种植标准为：1.滩川旱地方田化；2.深耕 7 寸以上；3.普遍耙耱镇压保墒；4.亩施农家肥 3 立方以上；5.用丰产沟种植、宽幅耧播种；6.确保良种、纯种化；7.坡梁地梯田化，要做到保土、保肥、保水；8.亩产要达到 200 斤以上。

同年 10 月 17 日，全县从改变耕作制度和耕作方式入手，统一开展三秋"一条龙"作业，狠抓收割、深耕、耙耱、秋施基肥等增产措施的落实。

1991 年，商都县将"三亩田"建设的重点放在土、肥、水、种、机五个基础环节，逐步达到了水地园田化，旱地方田化，坡地梯田化；同时大抓肥料投入，坚持农家肥化肥相结合；坚持走"小工程、大规模、高效益"的路子，科学合理地开发地下水资源，最大限度地利用地表水资源，积极发展节水农业；继续抓好种子基地建设，以种子公司为龙头，以县良种场、85号良种场为侧翼，形成了以良种繁育基地村和良种繁育户为基础的良种繁育体系。

在"三亩田"建设中，通过套种、间作、混种等形式，最大限度地提高土地利用率、产出率和劳动生产率。到1991年底，全县累计建成"三亩田"56万亩，当年实行区域化种植16万亩，其中百亩方1224个，千亩方15个，万亩方1个。基本做到了有田就有渠，有渠就有埂，有埂就有林，有林就有路，两埂夹两树，四树夹一路，田成方、埂成形、林成网。

在"三亩田"建设中，共计新造农田防护林660条、143万延长米；新打机井235眼、筒井930眼，配套机电井、筒井579眼，有80%的新打机电井、筒井扩大面积参与了当年的高产攻关。同时完成水保治理面积9.58万亩，累计达到了68.85万亩，其中西山流域共完成治理面积25000亩，使1万亩农田得到保护。1991年7月25日，在流域内连续20个小时降雨90毫米，实属历史罕见，但流域内的工程以及县政府驻地城关镇却安然无恙。如果没有西

山流域治理工程的保护，城关镇将像过去多雨年份一样，必然会遭到洪水袭击。

在此基础上，县委、县政府又制定出台了《关于加强农业和农村工作的决定》以及加快发展畜牧业和推进社会化服务等一系列政策。坚持立草为业、建设养畜的方针，两年完成人工种草29万亩，兴建养猪基地80处、养鸡基地22处、养兔基地119处。按照6月末畜牧年度统计，全县家畜总数达到了57.1万头（只），出栏率、商品率都较1990年大幅度提高。

进退还战略

所谓的"进退还"战略。就是要在确保粮食生产稳定增长的基础上，大规模地退耕、还林、还草；就是要利用退耕、还林、还草形成的物质条件全面实现林草转化，从而使商都成为乌兰察布盟地区最大的农区畜牧业商品基地。

为此，商都县明确提出要在过去"念草木经、兴畜牧业"的基础上，进一步推动传统养殖业向现代加工业拓展延伸。变初级加工为精深加工、变出售原料为出售产品，借助企业转制的机会，集中力量扩建、改建和增建一批畜产品加工企业，切实形成拳头产品，拓展市场空间；要确保到2000年将全县农作物播种

反季节的大棚蔬菜

面积压缩到150万亩左右，确保牧业年度家畜总头数达到100万头只（含生猪），确保全县林草覆盖率达到30%左右。同时在具体实施过程中，要切实把握好以下三个环节。

一是要进足。"进"是基础，是前提，是先决条件。"进一退二"的着力点主要是粮食生产，所以要全面实施"进退还"战略，首先要确保全县人均达到一亩水浇地、二亩旱作稳产田；要通过深耕、施肥、缩垄增行、合理密植、地膜覆盖、加强管理等综合措施，确保水地粮食作物单产达到800斤，旱地单产达到200斤以上。

二是要退够。"退"是"进"的目标，又是"还"的基础。只有退足退够，才能实现天然放牧向建设养畜转变。为此，全县计划一次性退出100万亩坡梁地，退耕后口粮田不足的地区可以在缓坡漫岗地带兴修一批梯田；东南部粮油区凡是人均达到二亩以上水浇地的也要及早规划旱地退耕工作。

三是要"还"好。"进一退二""一退三还"，"还"好是关键、是重点。所谓"还"好，就是确保"退"下来的耕地要全部种树种草。对退耕地要统一规划，分户经营，要坚持谁种、谁管、谁有的原则，并且允许转让、继承甚至出卖；对退耕地荒废的则要追收土地补偿金。

以全面实施"进退还"战略的1994年为例，全县积极开展以水利为中心的农业基础建设，一年内新增保灌面积4万亩，新增旱作稳产田18万亩，新增以果树为主的经济林0.34万亩，新增速生用材林2.9万亩。与此同时，以16个乡为主战场，从东、中、西三线展开大规模的小流域治理，共完成治理面积18.3万亩，累计达到91.4万亩。使105万亩农田草场的水土流失得到有效控制。

1995年，全县水地面积累计达到24万亩，人均0.8亩；累计建成林、路、田、埂四配套的旱作稳产田90.4万亩，人均达到3亩以上——

基本具备了正常年景生产粮食2—2.5亿斤、油料2500~3000万斤的能力；同时全县有林面积累计达到108.7万亩，林木覆盖率达17.2%，林草覆盖率达23.9%，累计治理流域面积106.8万亩。

2000年，商都县又以国家实施西部大开发为契机，按照开发式治理、集约化经营、效益型增长、可持续发展的思路，突出抓好"一带三线"（"一带"指三虎地乡二佰店村至八股地乡库伦图村绿色生态屏障带，"三线"指十大顷乡大三洼村至高勿素乡马祥村、西井子乡七邓营村至大黑沙土乡南炭窑村、西井子乡李家村至卯都乡卯都坊子村三条沙源治理线）。切实消除断档、扩大规模，确保南北"一条带"成形达标，确保东西"三条线"中

的两条边线达标、一条中线成形。在建设期间，商都县又及时把跨旗县绿色屏障工程和风沙源治理工程置于"一带三线"的总体布局中，合理调配使用国家下拨的风沙源治理项目资金，保质保量地完成生态建设任务25万亩（累计退耕170万亩，其中种草种树141万亩，占退耕地面积的83%），完成"三荒"及小流域治理种树种草44.5万亩，全县林草覆盖率达到24.2%以上。

实行"两田"分离，完善土地承包责任制

1989年1月7日，商都县印发了《关于完善土地承包责任制的实施意见》。《意见》指出：在农村普遍推行家庭联产承包责任制的过程中，由于普遍采取了见地分地的办法，从而造成土地分配条块分割，

蔬菜生产一条龙作业

强劲发展的马铃薯产业

不便耕作、不便管理的现象。此外还有部分农民只种地不养地，搞掠夺式经营，甚至有人既不耕种又不转包他人，致使土地长期闲置荒芜。为此，商都县根据中央农村工作会议精神，按照有利于发展生产的原则，对承包经营过程中出现的一些具体问题提出了十条调整意见：

一是鼓励和支持群众按自己的意愿和生产需要，对原来过于零散不便耕作的土地采取互换的办法进行适当调整，使之尽可能集中连片，达到有利于发展生产的目的，调整时既可以等亩交换，也可以根据地质等价交换。

二是将旱地改造成水地的部分条条田进行适当调整，把条田改为块田，对既不愿投工投资兴修水利，

又不同意调换地块而影响水地发展的，可强行将土地调给愿意种水地的户。

三是对集体统一规划造林、种草或搞小流域治理工程占用耕地的，应从集体机动地中给予补调，不足部分本着"大稳定、小调整"的原则，在总土地中适当调整。

四是承包期内如有人口变动，原则上不再搞随时调整土地，已转为城镇户的原农业人口一律退出原承包土地，不得继续耕种，更不得私自转让他人。

五是对拒交农业税和集体提留，不履行合同义务交售粮油征购任务的、掠夺式经营造成地力严重下降或弃耕的，可收回全部承包土地或只留给"口粮田"。"口粮田"计

马铃薯产业为商都人民实现脱贫致富撑起一片蓝天

留标准按当地人均占有土地和土地质量自行掌握，但应按规定交纳农业税。

六是违反国家计划生育政策，对超生人口按有关规定一律不给分承包土地。

七是鳏寡孤独、老弱病残无力经营土地，在自愿的前提下，可退出全部或部分承包地，由他人耕种。经营这部分土地的人，应承担原承包者口粮和应缴的农业税、集体提留和粮油合同定购任务。

八是人口多劳力少的户、半半户、已经转营其他非农业的户，无力经营全部土地的，可视情况只耕种部分"口粮田"，并负担应交的农业税，退出的土地作为集体机动地或由集体转包给他人经营。

九是实行土地补偿制度，鼓励农民增加对土地的投入。

十是各地要充分发挥集体"统"的功能，建立和完善统分结合的双层经营责任制，宜统则统宜分则分。

在调整过程中，商县委、县政府又于1990年9月5日印发了《关于"两田"分离的实施方案》。《方案》认为，包产到户只是适合生产力水平不高和生产社会化程度较低的一种经营管理体制，已经暴露出了很大的局限性。为了进一步完善家庭联产承包责任制，充分调动广大农民的积极性，商都县坚持按照家庭经营和土地所有权不变的原则，将过去按人口或劳力平均承包给农民的土地划分为"口粮田"和"责任田"。同时在具体实施过程中又

蔬菜大棚

特别强调要本着坚持自愿、因地制宜、积极引导、由点到面的原则，保持现行政策的稳定性和连续性；要坚持以"三亩田"建设为核心，充分发挥双层经营的优势；要坚持按照土地连片、规模适度、便于经营的原则，达到加速发展农村社会生产力的目的。

按照商都县委和县政府的统一安排部署，各乡镇从九月中旬开始，利用一个月的时间将全县200万亩耕地全部实行了"两田分离"。其中对土质较差、偏远零散的120万亩耕地采取以地换地的办法一律划为"口粮田"，将80万亩水浇地和旱作稳产田一律划为"责任田"。并且统一将"口粮田"作为福利田或保饭田，一律计产不计购、计税不计费，充分体现了社会主义优越性；而对"责任田"则既定产定购又计税计费，充分体现了土地有价、种地有偿、承包有责的市场经济规则。具体标准为："口粮田"按人均250千克的定量，以地定等、以

等定产、以产折地，按应分地人口计留，一定10年不变；"责任田"则按照责任效益双赢的原则，以各地的粮食定购任务为基数确定包产指标。其中"口粮田"的分配对象除计划外生育的人口人人有份；"责任田"除"半半户"、无劳动能力的户以及长期拖欠粮油定购任务和农业税或弃农经商超过一年的户、因懒惰造成土地荒芜的户、超计划生育又不做绝育手术的户之外，均可竞标承包责任田。

在此基础上，为了引导农民摒弃传统的"两麦一薯"种植观念，商都县通过宣传推广区域化种植、规范化养殖、向市场农业接轨的办法，在全县范围内规划落实了20个类型、150个基地。同时还制定出台了《商都县科技体制改革方案》。方案遵循经济建设必须依靠科学技术、科学技术必须面向经济建设的指导方针，鼓励和支持科技人员到生产第一线发挥桥梁、纽带作用，从而为把科学技术转化为现实生产力，为加快科学技术普及步伐，把技术推向市场，使技术商品化做出了有益的探索。此外，方案还对科技推广体制、科技管理体制以及项目管理体制等诸多方面作了重大改革，使科技服务走上了制度化、规范化道路，为全县发展"两高一优"

农业提供了技术保障。

土地二轮承包

为贯彻落实党的十一届三中全会，商都县人民政府于1997年制定并下发了《关于切实做好延长土地承包期进行土地承包合同签订工作的通知》《关于延长土地承包期签订土地承包合同的实施方案》《关于颁发经营权证的实施意见》等3个文件，并成立了"土地延包领导小组"，负责处理日常事务和具体工作。

1998年，全县先后举办了7期培训班，对全县分管农村工作的乡镇领导及经管人员进行了政策业务培训；县会计局派出22个工作组，分赴全县324个行政村进行实地宣传讲解，并且统一刷写了近两千条关于土地延包工作的大幅标语宣传土地延包工作的有关政策；各新闻媒体也积极配合，为土地延包工作的顺利开展营造了良好的舆论氛围。

通过开展土地延包和合同签订工作，相关部门进一步摸清了全县农牧业生产的现状和底数。据统计，在实施土地二轮承包之前，全县农村在册人口共计76675户、283178人，其中实际种地的有48310户、175273人，分别占63%和62%；外出24045户、90709人，分别占31%和32%；在村不种地的有4320户、

17196人，分别占5.6%和6%。全县实行土地顺延工作的行政村有256个，占79%；因土地不均进行大调整的行政村有68个，占21%。在土地延包和合同签订工作中，全县20个乡共签订承包合同书和经营权证书40644份，占种地户的84%；应签而未签合同的有5024户，占种地户的10.4%。全县进区面积873073亩，退区面积604028亩，其中留包代耕地417226亩，机动地85638亩（占4.3%）。全县有81%的乡镇建立了土地台账、土地承包合同书、经营权证书、退耕地协议书，并装订成册，归档备查。全县还有21个行政村、45个自然村未签订土地延包合同和各种证书，分别占6.5%和6.3%。

绿色蔬菜产业

商都县的蔬菜种植业发端于20世纪80年代初期。其发祥地是七台镇的南菜园和原西坊子乡的海卜子和二号村。到了90年代之后，随着蔬菜市场的全面繁荣，商都县明确提出了"蔬菜立县"的发展思路，

硕果飘香

并且举全县之力又先后创建了"绿色食品小区"和"生态移民开发小区"两大蔬菜生产基地，全县的蔬菜产业也随即出现了一次由量变到质变的巨大飞跃。目前，全县有6.4万亩蔬菜基地被自治区农牧业厅认定为无公害蔬菜基地，有18700亩蔬菜基地被国家绿色食品发展中心认定为绿色蔬菜基地；有7种产品（西芹、大白菜、番茄、青椒、红胡萝卜、八棱瓜、卷羊肉）被国家农业部认证为无公害农畜产品，有8种产品（西瓜、甜瓜、南瓜、马铃薯、彩椒、番茄、胡萝卜、西葫芦）被认证为有机产品，并在国家工商总局注册了"风沙源""水漩绿韵""绿娃"蔬菜商标，初步建立起了绿色有机蔬菜可追溯体系。

调整优化大农业内部结构

近年来，商都县坚持以市场为导向，以促进农民增收为目标，不断提升产业化经营水平，不断加大农牧业和农村经济结构的调整力度，初步形成了乳业、肉羊、菜薯业和饲草料四大主导产业。到2005年底，全县奶牛存栏2.13万头，肉羊饲养量达到140万只，基础母羊存栏40万只。2006年，马铃薯和蔬菜种植面积分别达到了50万亩和8.5万亩，产量分别达到7.5亿斤和6.2亿斤。

在发展优势特色产业、推进农牧业产业化中，商都县坚持突出马铃薯和蔬菜两大特色主导产业，积极扶持乳业和肉羊产业，推动畜牧业健康稳定发展。2007年，随着现代农业技术的快速推进，在东南部水资源富集区建设大型喷灌圈69套。2009年又新建喷灌圈215套，总量达到了315套，保灌面积15万亩。其中膜下滴灌面积4100亩、小型喷灌面积3200亩。覆膜马铃薯达到20万亩。同时新建日光温室和大棚3700座，蔬菜保护地面积累计达到7800亩，绿色无公害蔬菜种植保持在10万亩左右，年产量稳定在10亿斤左右。

2012年，商都县继续坚持现代农业发展方向，大力发展设施农业，不断培育壮大种植主导产业，成为全市打造中国薯都和建设百万亩冷凉蔬菜基地的中坚力量。

2013年，新增节水灌溉面积6.4万亩，马铃薯、蔬菜和甜菜种植达66万亩，占农作物总播面积的44%。建成规模化生猪养殖场29处、肉鸡养殖场22处，具备了年出栏生猪18.4万口和肉鸡240万只的能力。同时积极扶持农畜产品加工企业和农民专业合作社，进一步增强了产业抵御市场风险的能力，提高了农民收入。

2014年，全县新增膜下滴灌6.4

万亩，累计达到 11 万亩；新建喷灌圈 60 套，总量达到 389 套，面积 18.5 万亩；新增保护地面积 1350 亩，累计达到 9150 亩。马铃薯种植 50 万亩，其中覆膜田 20 万亩，总产量 11.4 亿斤；蔬菜种植 10 万亩，总产量 6.1 亿斤。牧业年度存栏家畜 67.14 万头（只），其中奶牛 5162 头、肉羊 56.12 万只、生猪 9.3 万口。

此外，针对马铃薯、西芹等应季蔬菜销售期限短促、受市场和价格制约程度较高等问题，商都县狠抓基础设施建设，不断完善社会化服务功能，建成 10 吨以上 60 吨以下的标准化马铃薯储窖 218 个，总容量达到了 41810 吨，同时建设简易蔬菜批发市场 4 个，拥有 200 吨以上蔬菜保鲜库 4 座。特别是自从内蒙古乐耕食品有限公司入驻商都以来，平均每年处理蔬菜 4 亿斤，从而为延长蔬菜、马铃薯的上市期，实现增产增收奠定了基础。

商都县农牧业管理机构沿革

1950 年 10 月，商都县将实业科改为建设科，分管农业。

1952 年，建设科改为农林科。

1954 年 8 月，改称商都县农牧局。

1957 年，分设农业局、畜牧兽医科。

1958 年 3 月，农业局与林业科合并成立农林局。

1960 年，恢复农业局，设立畜牧局。

1961 年 6 月，农业局与农机部门合并为农业机械局，同年 8 月，又与林业局并为农林局，畜牧局改为畜牧科。

1962 年 8 月，农林、畜牧、水利合并为农牧林水局。

1971 年，农牧林水局改为农牧林水科。

1974 年 7 月，撤销农牧林水科，分设农牧林局、水利局。同年 8 月撤销农牧林局，分设农林局、畜牧局。

1979 年 2 月，撤销农林局，分设农业局、林业局。

1992 年 12 月，农业局、畜牧局分别改为农业开发服务中心和畜牧服务中心，行政上受农业委员会领导。

1993 年 3 月成立农业委员会。

1996 年 8 月，撤销农业委员会，恢复农业局、畜牧局。

2002 年恢复农业委员会。

2004 年撤销农业委员会，农业局、畜牧业局仍归到政府行政局序列。

2006 年 3 月农业局与畜牧业局合并，组建农牧业局。

1999 年 6 月，成立农牧业产业化管理办公室。

2004 年与乡镇企业管理局合并

办公。

2010年10月撤销农牧业产业化管理办公室，其职能、人员移交农牧业局。

生态建设篇

在环境保护及生态建设方面，商都县严格遵循"回归自然、和谐发展"的生态建设理念，坚持"优势互补、资源共享"的创新发展思路，打出了一套退耕还林还草、军民义务植树、京津风沙源治理三大

农田防护林

工程同步推进的组合拳。近十年来，全县累计投入资金6.4亿元，完成退耕还林草面积60.4万亩，完成京津风沙源治理工程123.8万亩，林草覆盖率达到了24%以上。尤其是自2008年以来联手北京军区启动的军民共建绿化基地工程，在短短五年时间内就栽植各类树木233万株，共计完成造林面积5.5万亩，为打造阴山北麓生态安全屏障奠定了坚实

的基础。

2013年，商都县在抓好国家生态项目京津风沙源治理工程8.5万亩，巩固退耕还林工程8.1万亩，巩固和完善5.5万亩军民义务植树基地建设的同时，又启动了4万亩规模的西山流域机关干部义务植树基地建设，当年完成造林任务8000亩，栽植苗木32万株；同时实施通道绿化5800亩、园区绿化350亩、乡镇精品绿化工程5500亩和村庄绿化330亩，累计完成投资4700万元。

在全面推进生态文明建设方面，商都县坚持不懈地狠抓禁牧舍饲工作，切实保护了生态建设成果。从2013年开始，集中整治非法占用林地问题，检查督促相关企业补办了33宗占用林地手续。不折不扣地监督企业全面启用环保除尘设备，强制淘汰了冶金化工企业土法烧结，一次性拆除烧制白灰矿山窑7家，关停竖立窑7家，关闭非法采矿点9家，确保新上企业严格执行"三同时"制度，全面完成了节能减排年度目标任务。

八股地机械化林场

八股地机械化林场是继商都县中心林场之后兴建的又一个国营林

20世纪60年代商都县八股地林场飞机灭虫业单位。

林场于1959年开始规划设计，1961年正式组织实施，到1964年初步成形。由于在建场初期，商都县尚属河北省管辖，所以八股地机械化林场直属河北省张家口专区林业局。

除厂部领导由林业局统一调配之外，一般职工主要来自以下四个方面：一是八股地公社二股地自然村的过渡户（之所以称之为"过渡户"是因为二股地村的土地全部被规划到了林场，所以场部要为每个农户安排一名国家用工指标），总共有36名农民过渡为职工；二是从商都机耕队调来的拖拉机手，总共有5名；三是从中心林场林业学校分配来的学生，大约有10多名；四是从集宁调来的工人，共计70多名。

基地建成后，立即掀起了干群大战"红五月"、全力以赴搞育苗的热潮。由于措施到位，组织有力，当年培育的苗木顺利出圃。接着年抓育苗、岁岁不松劲，一举实现了年产苗条80~100万株的目标，为机械化造林打下了坚实的基础。

林场之所以称为机械化林场，是因为林场的全部造林作业都要运用机械设备进行。主要机械设备有：解放牌汽车1辆（这是商都县最早的一辆汽车）、东方红-54链轨拖拉机和铁牛55胶轮拖拉机4台、五铧犁4台、深耕二铧犁两台、植树机6台、锄草机7台、圆盘耙两台、缺口重耙两台、镇压器一组，确实称得上各种机具应有尽有。在技术人才配备上也是未雨绸缪，早在1964年即选派了一名机务队干部和一名拖拉机手，到当时全国最大的机械化林场——赤峰市鸭鸣山机械化林场脱产学习，半年后回场担当起了技术骨干的职责。

机械化造林较之于人工造林有更高的技术要求。为此林场要求严格把好"三关"，即整地关、苗条关和技术关。所谓整地关就是要做到头伏天耕地，第二年耕翻，而后进行耙糖和镇压；所谓苗条关就是必须选择枝杈少、一年生的榆树苗，确保林木健壮成长；所谓技术关就是要在机械化造林前，必须对投苗员进行实地培训，使之熟练掌握投苗的基本技术要领，因为投苗员素质的高低直接影响苗木的成活率。

就这样，八股地机械化林场用5年时间筹建成形并走上了快速发展的道路。从1966年开始，林场每年以3000亩的速度推进，20年内累计造林3.3万亩，成活率高达85%以上。特别是在20世纪70年代中期，林木长势喜人，遍地绿树成荫，鸟语花香，空气清新，不仅是一个休闲旅游的好去处，还为防风固沙、保护生态环境发挥了很好的作用。

邓富成和西井子的农田防护林建设

"1981年，大雁南飞，枫叶呈红时节，全国沙漠化治理讲习班在古城兰州举行。一百多位教授、专家、学者欢聚一堂，交流治理沙漠的经验，探讨降服'黄龙'的高策。

邓富成在西井子农田防护林

这一天，登上讲坛发言的既不是鹤发童颜的教授，也不是衣着考究的学者，而是一位近乎农民装束的干部。他操着浓重的内蒙古地方口音，滔滔不绝地讲了干旱半干旱地区治理沙漠的经验及方法。他的发言引起了与会人员的兴趣。这个发言人便是商都县西井子公社党委书记邓富成。他是应邀专程到这里参加讲习班的唯一的农村基层干部。"（摘自马耕田《风沙区里播绿人》）

西井子镇位于商都县西北部，地处"三北"风沙线中段前沿地带，属典型的干旱半干旱农牧交错旱作农业区。据资料记载，在中华人民共和国成立初期，这里还是一派郁郁葱葱的原始草原景象，然而"人民公社"时期原本就十分脆弱的草原生态遭到破坏。20世纪80年代，肆虐的风沙遮天蔽日地如期而来，在西井子这块曾经有过许多荣耀和辉煌的土地上，终于因为人们的过度索取而不得不面对大自然的惩罚。

这时候，年届不惑的邓富成成了一位专跟风沙打交道的造林英雄。特别是自党的十一届三中全会明确提出以经济建设为中心的决策之后，西井子镇的历届党政领导干部一任接着一任干，硬是以愚公移山百折不回的劲头，一鼓作气地促成了生态建设与民生工程齐头并进，协调发展的可喜局面。

如今，在西井子这块丰饶的原野上，到处生机勃勃绿意盎然，古人笔下那种"绿树村边合，青山郭外斜"的田园风光更是随处可见。目前，不仅家家户户羊满圈、粮满仓，而且村村通公路、户户马达响，过去那种阴暗潮湿的土坯房全都变成了宽敞明亮的砖瓦房，至于姑娘们穿时装、小伙子带手机更是不在话下，所有这一切又全都得益于生态建设所创建的"绿色银行"。据统计，仅以全镇目前拥有的3.3万亩成材林测算，平均每亩林地的蓄积量至少可达1.96立方米，这样算下来目前的蓄积总量就有5.94万立方米。如果再按10年一个轮伐期计算，那么每年可供砍伐的木材就有5940立方米，每立方米木材的售价按照1000元计算，那么总价值就高达594万元。再加上全镇拥有的3万多亩农田防护林可供间伐的树枝，总蓄积量至少可达4045万立方米，如果每立方米按照700元计算，总价值就可达283.15万元。

特别是在保护生态环境、改善农牧业生产"小气候"方面，西井子镇的生态建设成效尤为显著。据1980年4月26日国家权威部门在张家坊子铁路沿线组织的一次科学考察数据显示：这里的旷野风速为6.8米/秒，可是到了林带背面的风速就降低到5.2米/秒——实验证明，如果主林带的树高能够保持5米，即可在背风面降低风速250米、在迎风面降低风速50米。除此之外，通过营造农田防护林还有效地增加了降水量、延长了无霜期、提升了

土壤肥力，稳定促进了农牧业增产和农牧民增收。即以当地的年度农业报表为例，在1975年，当时的西井子公社拥有耕地面积14.7万亩，可是粮食单产仅仅只有30千克，粮食总产量不足441万千克；到了2005年，西井子乡的耕地面积压缩到了9.1万亩，但粮食单产提高到了55千克，粮食总产量达到了501万千克，结果是耕地面积虽然减少了5.6万亩，粮食产量却增加了60万千克。

西山流域治理

西山流域位于商都县城西北5公里处，总面积38平方公里。流域内年均降雨量为351.5毫米，其中七、八、九3个月的暴雨占年降雨总量的67%；域内共有主沟5条，支毛沟172条；大部分山丘为土石山地质构造，主要岩性为酸性石灰岩、花岗岩、片麻岩及砾砂岩。

在西山流域治理前，由于自然、地理条件差，加之人为破坏，导致流域内岩石裸露、沟壑纵横，水蚀、风蚀现象日趋严重。1987年，水土流失面积占到了总面积的65%以上；沟壑总长度达到了42.48千米，密度为1.12千米/平方千米；沟头侵蚀速度为11.5米/年，侵蚀模数为1500吨/平方千米。严重的水土流失不仅给当地农民的生产生活造成

了诸多困难，还多次在汛期出现过洪水漫城的险象，给县城内居民的生命财产安全带来严重威胁。

西山流域综合治理工程于1988年启动之后，商都县人民政府就专门成立了由分管县长任总指挥、有关部门和乡镇领导任副总指挥的西山流域综合治理开发指挥部，并下设办公室统一调度资金、物资和人力，协调各方面的工作关系。在治理过程中，县委、县政府明确提出要坚持依靠群众和各部门共同治理，不能孤军作战；要坚持防、治、管、用一条龙联合运行，坚持集中、综合连续治理，切实发挥水土保持整体效益的总原则，并且归纳总结出了在治理工作中必须注意的"八个结合"，即退耕与提高单产相结合，种草与发展畜牧业相结合，人工种草与改造荒地相结合，治坡与治沟

相结合，工程措施与生物措施相结合，田间工程与蓄水保土耕作措施相结合，近、中、远期利益相结合，主管部门投资与多渠道集资、投劳相结合。

工程治理的总体布局是"封、治结合"，即对岩石裸露、土层瘠薄、治理难度较大的区域，采取以封育为主、人工种草点种柠条为辅的办法，使其恢复植被；对缓坡丘陵、土层较厚的区域，因地制宜地采取集中连片的综合治理措施。可具体概括为工程、生物、耕作三大举措。

所谓工程措施就是以蓄水保土为目的，按十年一遇标准形成了系统的水保工程体系：一是修建3米×1米×0.5米的等高水平沟和"品"字形鱼鳞坑；二是建筑坡式梯田、台田、丰产沟以及淤泥坝，将"三跑田"（跑水、跑土、跑肥）改造

西井子镇风景如画的田园风光

清洁能源

成为"三保田"（保水、保土、保肥）；三是以修筑土石谷坊、拦洪骨干坝系为主，从干支沟到支毛沟对洪水自上而下节节拦蓄、道道设防，形成完整的拦蓄体系，达到有效控制水土流失的目的。

所谓生物措施就是根据不同的土地条件，因地制宜种树种草，改善生态环境。流域内共规划造林地1.2万亩，人工种草地0.7万亩，通过种植各类草、树与工程措施相结合，形成完整的植物防护群落。目前共计栽植沙棘树50万株，枸杞30万株，点播柠条6900亩，插植杨树条5万株，在所筑谷坊、土坎上集中连片营造丰产速生高杆青杨1.3万株，同时为了护坡、固土、护坎，还点播了柠条和其他灌木，收效都十分明显。

所谓耕作措施就是在原有坡耕地内除修建基本农田外，对个别顺坡耕地改革成等高横坡耕地，以控制水土流失。

此外，在流域内共建造梯田、沟坝地、丰产沟、水浇地等基本农田5080亩，这些农田不仅保住了水、保住了肥，促进了粮食增产，而且使流域内的坡面、沟道上含下蓄、层层设防，切实达到了水不出沟、土不下山，切实保护了县城广大居民的生命财产安全，同时还使下游的1万亩农田免遭水患，使3000多亩弃耕坡地恢复了耕作。

军民义务植树基地

商都县军民义务植树基地位于商都县七台镇南部，西起集通铁路，

北依省际大通道，向东南方向一直延伸至商张公路。义务植树基地建设从 2008 年开始到 2012 年结束，建设期限五年。在此期间，北京军区于每年春季组织 6000~7000 名官兵进驻商都县，同商都 4000 多名机关干部职工一道开展义务植树大会战。在建设过程中，北京军区、国家林业局、内蒙古自治区、乌兰察布市等各级领导每年都要亲临现场参加义务植树，并为基地建设提供了财力物力方面的支持和帮助。基地建设坚持因地制宜、适地适树的原则，栽植云杉、油松、樟子松、杨树、柳树、山桃、山杏、枸杞等各类树木 260 万株，共计完成造林绿化面积 5.5 万亩，总投资达 2.35 亿元。

军民义务植树

基地建设不仅以实际行动诠释了时任中共中央总书记胡锦涛同志视察内蒙古时提出的"要将内蒙古自治区建设成为祖国北疆国防、生态两大安全屏障"的指示精神，同时也切实增强了全县人民的生态意识和环保意识，从而有力地推动了全县生态文明建设的进程。目前，基地林木保存率高达 90% 以上，基地内林草繁茂、生机盎然，风蚀沙化得到了有效遏制，区域性小气候明显改善，已经成为一张提升商都形象的"绿色名片"，载入了商都县历史文化发展的史册。

京津风沙治理工程商都植树基地

招商引资篇

商都县的骨干企业少，工业总量小，对财政的贡献率相对较低。针对这一现状，县委、县政府立足当地资源优势，突出抓好招商引资工作，着力推进新型工业化，使全县工业经济在结构上发生了很大变化，其主要特征有如下两个方面。

一是国有企业淡出舞台，私营企业成为主角；目前全县 31 个规模以上企业中只有三个国有企业（商都电力有限责任公司、京能商都风电有限公司，北京天润风电有限公司）、国有企业仅占企业总数的 9.6%，

艺商鞋业联营公司。该公司生产的羊剪绒拖鞋曾远销日本、美国、欧盟等
二十多个国家和地区

这种所有制结构变化摆脱了计划经济时期国家、集体大包大揽的模式，开辟了工业经济发展的广阔前景。

二是重化工企业地位削弱，产业结构朝多元化方向发展。在2004年以前，通过外引内联，全县27个工业企业有14个为重化工企业，占企业总数的一半以上。2005年后，一方面加强对原有企业的技术改造，一方面扩大招商引资范围，打破以重化工业为主体的单调格局，实现了产业结构的多元化。

目前全县规模以上企业有内资企业30个（其中国有企业3个、有限责任公司9个、私营企业18个）、港澳台商独资经营企业1个（太美薯业有限责任公司）；按经济组织类型划分，有独资企业4个、有限责任公司27个；按工业行业类别划分，涉及金属矿采选、农副食品加工、纺织服装服饰、化学原料和化学制品、金属冶炼和压延加工、电力热力生产和供应等几大类别。

在推进新型工业化的进程中，商都县集中力量重点打造了一批投资规模大、科技含量高、集聚效应强的龙头项目。其中在体制转型方面，针对国营、集体企业改革过程中存在的遗留问题，采取租赁、收购、

亮丽风景线

商都县的第一处大型购物场所——商海大楼

资产重组、股份合作等方式，成立了鹿王羊绒集团商都分公司、奥淳酒业有限责任公司、隆兴博风电设备有限公司、双利皮毛制品有限公司等四家民营企业，在商都县首开工业经济私营化的先河。

此后在"举工强县"进程中，通过引进外地客商、扶持当地能人等各种举措，使工业经济在民有民营轨道上取得了重大突破。

2005年之后，进一步创新招商引资工作方式、制定出台招商引资优惠政策和奖励办法，同时紧紧抓住东部沿海地区产业梯度转移和京蒙对口帮扶的有利时机，以资源优势和现有产业项目为依托，坚持"走出去"与"请进来"相结合，主动邀请投资者前来商都实地考察，有针对性地进行项目洽谈。对重点企业实行封闭式管理、"一站式"服务，

把园区土地纳入工业建筑用地整体规划，敦促企业以节能减排和安全生产为手段，加快技术改造、延长产业链条，对正常纳税确有困难的企业酌情延期缴纳税款，对行政事业性收费确属保留项目的，能减则减能免则免，对在县境内为企业拉运原材料和产品的车辆一律开通绿色通道并严令任何单位不得随意进企业检查收费。

附：商都县招商引资大事记

2006年引进的希森亚信种薯繁育、旭美专用薯加工、中泰东邦蔬

商业街

商都牧机厂是全县第一家走出国门的支柱骨干企业

菜仓储加工3个项目的前期准备工作基本就绪。蒙都肉食品加工项目已完成厂区和速冻库建设；已签约的6个风电项目测风工作结束；入园重化工企业已经投入正常生产。其中铁矿开采冶炼企业达到7家。铁精粉年生产能力提高到150万吨。鹿王商都分公司、奥淳酒业公司、牧机公司等骨干企业运行质量和效益正在稳步提高。

2007年，引进工业项目20个，其中6个重点项目取得明显进展；签约的13个风电项目有4家企业的风资源配置申请已经批复。全县规模以上工业企业实现工业增加值5.66亿元，同比增长44.4%。

2008年，风电企业有两家开工建设，有两家获得核准；农畜产品加工业有两家开工建设；重化工新引进的两家企业正在建设之中；节能降耗目标管理进展顺利。

2009年，希森公司马铃薯全粉加工、民宇公司水泥熟料生产线、嘉泰公司环保煤项目全面开工建设，北京京能、北京天润风电项目一期工程竣工并网发电，东昊公司年整理60万吨废钢项目、中盛公司10万吨萤石选场项目建成投产，宏达公司蔬菜深加工项目建成120吨藏储能力的恒温库11间、60吨藏储能力的菜薯储窖50座。

2010年，全县引进工业项目22个，引进资金44.6亿元，到位资金38.3亿元；京能、天润、北能、科智华远等4家风电企业装机30万千瓦，并网发电15万千瓦；希森公司全粉项目一期工程竣工，已经具备了年产全粉1.25万吨的能力；科都

商都风场是最早引进的风电产业。图为商都风场建成
投产剪彩仪式

薯业公司年产 10 万吨马铃薯全粉项目建成投产；民宇公司建成一条日产 2500 吨水泥熟料生产线；万众景观公司年产花岗岩路沿石 3 万立方米、板材 10 万立方米项目建成投产；世嘉瑞通公司年产 5000 吨金属镁项目已开工建设；远和公司年梳羊毛 5000 吨、蓝宇公司年产 6 万吨液态二氧化碳项目均已竣工。全县规模以上工业企业达到了 29 家，工业增加值达到 12.7 亿元，年均增长 41.7%。

2011 年，全县签约工业项目 32 个，协议总投资 38.5 亿元，其中落地开工项目 12 个，协议投资 20.2 亿元，已完成投资 6.9 亿元。列入专项推进的 17 个新建续建重点项目累计完成投资 28.6 亿元，占总投资的 59%，其中 3 个竣工、两个投产、12 个正在建设。

2012 年，引进工业项目 21 个，协议总投资 90 亿元，其中引进亿元以上工业项目 17 个；进一步完善了冶金化工区和轻工科技区，以"一园三区"为主体框架的长盛工业园已具雏形。

2013 年，引进并开工建设的项目已经达到 42 个，协议总投资 106.5 亿元，已经完成投资 29.1 亿元；同时积极争取上级项目资金，落实国家、自治区投资项目 241 个，到位资金 6.76 亿元；长盛工业园完成固定资产投资 5 亿元，"二纵二横"路网框架基本形成，入驻企业 12 家；小海子农牧业产业园完成固定资产投资 1.5 亿元，建成区面积 8 平方千米、入驻企业 8 家。截至 2013 底，全县新引进工业项目 34 个，其中开工建设的项目有 25 个、市级重点调度项目 8 个。

文教览胜

HUASHUONEIMENGGUshangduxian

文　教　览　胜
WENJIAOLANSHENG

有人说，文化教育的源头几乎与整个人类的繁衍发展一样久远。因此作为实现中华民族伟大复兴的中坚力量，如果将经济比作是血肉的话，那么政治就如同骨骼，而文化则是灵魂。

教育事业方兴未艾

商都县的教育事业起步较晚，发展过程也一直步履蹒跚。在1918年建县之初，县城内仅有四处私塾、一所高等小学，在高等小学供职的教职员工只有14人，就读的学生也仅仅只有100多名。

1937年日军入侵之后，由于城乡群众生活困难，办学经费没有着落，公立学校不仅没有发展，反而呈现出了倒退的局面。

1949年商都县刚刚获得第二次解放，县政府专门设立了教育科。1951年，为了迅速普及初等义务教育，商都县按照察哈尔省颁布制定的"学制改革方案"将干部速成学校、职工业余学校、农民识字学校正式纳入教育系统，初步形成了工农速成教育、成人业余教育和国家正规教育三足鼎立的格局。到1962年商都县正式划归内蒙管辖之后，文化

和教育部门又与卫生部门合并，统称"文教卫生科"；1966年"文化大革命"全面铺开，教育工作又归口县革委会政治工作组领导，直到1981年文化、教育分家，商都县的教育管理机构才基本成型并且一直沿袭至今。

在此期间，随着社会经济运行体制不断发展和完善，商都县的教育事业也曾一度取得过骄人的成绩。据统计，早在1966年"文化大革命"开始之前，商都县的各级各类学校就已经发展到了690所，在校学生共计41718人，参加业余学习的干部职工和农牧民高达72000多人。其中仅半耕半读的"耕读"学校就发展到了560所，农村学龄儿童的入学率居然高达81%以上。为此，国家教育部、自治区教育厅、乌兰察布盟教育局的领导亲临商都县参加了在四台坊公社召开的"耕读"

1963年四台坊耕读小学教师合影

学校现场会，商都县文教科科长包茂芳还于1965年出席了全国"耕读"教育工作会议，并且受到了时任国家主席刘少奇的亲切接见。甚至直到"文革"期间商都县的教育事业总体上还是有所进步有所发展的。比如到1972年，全县22个公社的社办高中就达到了24所，在校学生共计1638人；普通中学则增加到了106所，在校学生8998人，基本上实现了"上初中不出队、上高中不出社"的办学目标。

尤其值得称道的是，在1977年年底，国家终于决定要正式恢复高校招生考试了——于是一石激起千层浪，上大学重新变成了莘莘学子的追求和梦想。

有人说，那是一个崇拜英雄并且确实产生了英雄的时代。那时的英雄楷模是陈景润、华罗庚，后来又增加了杨乐、张广厚，因为这四位全都是数学家，所以那时候的理工科比文科要吃得开。因此当选择职业的自由空间一经松弛之后，大家对靠"真本事"吃饭的理工科情有独钟自然也就成了顺理成章的事情。

如今回首往事，除了"学好数理化，走遍天下都不怕"这个当时最时髦的口号之外，最让人难以忘怀的大概就是在1978年召开的全国科学大会和郭沫若那篇题为《科学的春天》的书面发言啦！或许正是由于在经历了10年之久的文化大革命之后，随着思想解放的号角重新唤醒了人们建设新生活的青春活力，

1985 年 10 月商都二中庆祝教师节的场面

因此不仅"向四化进军"的口号能够切实发挥凝聚人心的作用，甚至连"从我做起、从现在做起，团结起来、振兴中华"的号召也没有多少政治宣传的味道。因此从某种意义上讲，正因为当时的社会风气在总体上是纯洁无邪的，所以无论士农工商，社会各界的精神状态从整体上看都是乐观向上的。比如在1979 年由长春电影制片厂拍摄的彩色故事片《小字辈》就集中反映了新一代城市青年朝气蓬勃奋发向上的生活态度。在这些平凡而普通的"小字辈"中，无论食品店的营业员还是公共汽车的售票员，尽管他们的岗位和身份各不相同，但努力学习、热爱生活、珍惜青春、积极进取的志趣和信念却是高度一致的。

除此之外，当时的那些流行歌曲诸如《在希望的田野上》《我们的生活充满阳光》《年轻的朋友来相会》《浪花里飞出欢乐的歌》以及《血染的风采》《十五的月亮》《中国，中国，鲜红的太阳永不落》等等全都饱含着一种激情澎湃、震撼人心的情绪。

然而与此同时，一些不容回避的负面影响也渐渐浮出了水面。比如为应对异常惨烈的高考竞争，形

中学生社会实践基地

年河北省军区商都希望小学奠基仪式

形色色的补习班、短训班在一夜之间就布满了商都的大街小巷。有些考生乃至家长倾其所有将自己乃至整个家族的赌注都押到了"学而优则仕"这条既古老又新潮的终南捷径上了——特别是那些曾经"胸怀祖国，放眼世界"发誓要在"广阔天地"干一番事业并且已经与贫下中农的儿子或女儿伉俪情深的城市知识青年，当他们一经发现自己的人生价值要远远高于在农村"大有作为"的时候，立即就挣脱了"富贵不能淫、贫贱不能移"的道德羁绊——有人甚至前脚踏进高等学府的门槛后脚就被那些花枝招展的小学妹搞得神魂颠倒眼花缭乱了，于是面对这些清纯可爱的面孔，再对

照留在家里传宗接代的糟糠之妻便不由得勾起了他们移情别恋再觅新欢的欲念。

然而无论如何，在我们这个具有五千年文明历史的国度，教育事业一直都被看做是社会赖以发展进步的源头活水而备受关注。特别是随着人民公社解体之后乡村政权动员能力的减弱和管理效率的日趋下降，平衡享受教育资源尤其是城乡教育的不公平便很快浮出了水面。

这种不公平突出体现在如下几个方面：

首先，在县城或乡镇所在地的教育资源一般都比较集中，各种教学设施包括办学条件、师资力量都比较优越，而那些偏僻落后的地区特别是一些分布在山村牧区的教学点则不仅生活条件艰苦、师资力量薄弱，甚至根本就谈不上什么正规化的教学——这也是导致许多学龄儿童中途辍学的重要原因。

其次，即便是居住在同一个地方，也会因为户籍管理上的硬性规定而不能一视同仁。比如在县城工作的干部子女不费吹灰之力就可以名正言顺地进入条件优越的重点学校就读，而那些没有城镇户口的农家子弟则必须缴纳数目不菲的借读费，否则就得回到户籍所在地的乡办或村办学校去完成学业。

再次，只要不能全面普及高等教育，只要在升学就业等诸多领域还存在竞争，就必然会为平等享受教育资源设置重重障碍。比如那些经济实力雄厚的家庭可以让孩子回炉复读，可是那些贫困家庭的孩子则只能一考定终身，甚至就算是考上了名牌大学也往往会因为缴不起学费而只好"自主择业"或外出打工——其实这也是农村教育之所以总是萎靡不振了无生气的深层次原因。

也就是在这种情况下，为了有效应对教育事业每况愈下的现状，中共商都县委于1985年10月隆重召开全县教师节表彰大会暨教育工作者代表大会，响亮地提出了要全面深化教育体制改革的口号，并且还组建了专门的教育改革领导小组，集中研究讨论了诸如"全面贯彻党的教育方针问题""废除教育教学领域内部不适应不协调的相关制约因素、理顺现代教育体系的相关环节问题"以及"实现由升学教育向素质教育转变"等各类亟须解决的突出问题，逐步形成了将教育摆在优先发展战略地位、借助教育的后发优势推动经济社会快速发展的新思路和新理念。

普及九年义务教育

在1994年召开的全盟尊师重教暨普及义务教育现场会上，商都县作为年度义务教育投入达到200万元以上的全盟仅有的两个典型之一（另一个是清水河县）受到了盟委、行署的高度肯定，其中三面井乡和西井子乡还被推举为全盟尊师重教的先进模范作了大会发言。

在1999年由商都县人民政府提交的"两基"（到20世纪末基本普及九年义务教育、基本扫除青少年文盲）达标自查报告中，援引大量具体翔实的数据，梳理归纳了改革开放以来在普及义务教育方面所取得的成绩。其中能够集中体现商都县"两基达标"工作亮点的举措主要有如下几个方面：

一是将"两基"达标工作确立

原小庙子蒙古族小学的师生在排练节目

为"一把手"工程，在县、乡（镇）两级普遍成立了"两基"达标工作领导小组，并且一律由党政一把手承担第一责任。同时各级领导小组也都制定了相应的工作制度，进一步强化了各级领导的法律责任。在此基础上，县政府还先后印发了《关于全县农村中小学校舍建设实施方案》《关于认真搞好"两基"教育经费投入和管理自查工作的通知》《关于加强教师队伍管理的意见》以及《关于建立初中、小学学生辍学报告制度和处罚的决定》，发挥了很好的制度约束和政策引导作用。

二是将"两基"达标列入政府工作日程，真正做到了"为官一任、兴学一方"，不达目的不罢休、咬定青山不放松。特别是自从开展"普及九年义务教育制度"达标工作以来，县委、县政府每年都要组织召开三至四次教育工作专题讨论会，在每次召集乡镇领导汇报工作时都要过问"普及九年义务教育制度"工作进展情况。在组织开展"两基"达标工作期间，县领导每年年初都要带领教育部门的环节干部深入到各乡（镇）现场办公，在每年六月份还要以同样的形式再搞一次工作督查，直到年底时方才进行评比总结。因此从某种意义上讲，正是由于全县上下能够持久、深入地扎实工作，才真正践行了"再苦不能苦孩子、再穷不能穷教育"的诺言，才及时为全县经济社会的快速发展插上了腾飞的翅膀。

三是全面实行包乡、包校责任

制，在"两基"达标工作中协调统一行动。在开展"两基"达标攻坚期间，商都县始终将发展教育事业当做考核乡（镇）和部门领导工作实绩的硬指标摆放到了特别突出的位置，甚至还一度喊出过"不抓'两基'就让出交椅"的口号。比如在县四大班子领导划片包乡工作目标责任制中就有所包乡（镇）的"两基"达标工作指标。其中特别强调要重点抓好校舍建设和校点布局调整以及资金筹措、适龄儿童入学巩固等项工作。各乡镇领导也同样要实行包村、包校目标责任制。县教委则一律要实行领导包片、股室包乡（包校）的"两基"达标责任制。教委领导和各股室人员经常深入乡镇学校督促指导工作，及时向政府领导反馈信息，不断发现先进典型，总结先进经验，推动"两基"达标工作取得新突破。

四是不断建立健全义务教育规章制度，不断强化教育教学管理机制。

首先，为落实好入学通知制度，各乡镇教委（学校）每年都要在新学年即将到来之际，提前一个月把"入学通知书"送到新生家长手中，及早督促其按时入学。对于拒送子女入学的家长或监护人则要严格按照《义务教育法》和《乡规民约》等法律法规，采取相应的处罚措施。

其次，为严格控制在校生中途辍学，要求每学期开学后一周内，各基层学校必须向教育主管部门上报学生辍学情况，各乡镇教委必须在每学期开学后两周之内向县教委汇总上报学生辍学统计表。凡发现有学生辍学现象的，除了主动下乡入户做动员工作之外，还要积极争取社会救助，比如借助团县委组织实施的"希望工程"落实对贫困儿童的钱物救助。凡是动员帮扶无效的则要及时报告当地政府，由政府组织执法小组依法强制辍学生复学。

再次，为确保适龄儿童按时完成学业，商都县严格执行义务教育证书制度，对完成小学、初中阶段义务教育的学生，一律由学校签发分别经乡教委和县教委验印的初等或初级中等义务教育证书；对未完成学业的少年儿童则要进行摸底登记，并动员其返校学习；对学习能力不强、基础较差的学生则要根据不同年龄段安排插班就读或开办补偿教育班，总之要尽力使他们进得来、学得好、留得住。

五是切实加强教师队伍建设，努力提高教师素质、改善教师待遇。

首先要切实提高教师学历合格率。商都县积极采取各种措施鼓励教师参加函授学习及自学考试。同时县教师进修学校还为全县18个放像点提供了大量电化教育教材，竭诚为中小学教师进修提供全方位服务。全县各中小学校也都制定了有关教师在职学习及自学考试费用开支补助办法和奖励办法，想方设法解决影响教师学习提高的问题和困难，真正形成了尊师重教、齐抓共管的可喜局面。

其次是要切实改善教师待遇。商都县一直坚持执行提高教师待遇的相关政策，甚至在经济最困难的情况下也要坚持优先保证"二老"（老干部和老师）工资的按时足额发放，同时还推出一系列向教育和教师倾斜的政策。比如在每年兴办的十件实事中，教育和教师都占有重要地位；在每年教师节期间，县政府总

要为教师解决住房问题低价征地，通过为教师开辟住宅小区、安排教师子女就业、为民办教师安排"民转公"等各种渠道。特别是在民办教师"民转公"方面，短短三年时间即由1996年的应转558人，减少到了1998年的14人，目前民办教师在商都县已经不复存在。

六是坚持开源节流，大力改善办学条件。

商都县坚持从实际出发，努力拓展资金来源，初步形成了"财、税、费、产、社、赊"六条融资渠道和"七个一点"的筹资办法（向上级单位争取一点、单位集体拿一点、致富专业户捐一点、群众干部集资一点、学校挤一点、勤工俭学抽一点、扶贫单位赞助一点）。其中所谓的"赊"

为振兴商都县的教育事业，"商都县教师进修学校"确实功不可没

教师进修学校

就是建校工程采取赊欠、垫资的办法，按照"三年工程一年完，一年赊欠分年还"的原则，由施工单位垫资建校。比如章毛乌素乡在1996年前全乡中小学校舍全都是低矮阴暗的小土屋，结果在1997年一年内就利用这种垫支建校的办法，全部实现了砖瓦化。

与此同时，商都县还积极发动社会各界人士本着自觉自愿、量力而行的原则广泛开展捐资助学活动。特别是自从开展"两基"达标活动以来，广大人民群众为办教育有钱出钱、有物出物、有力出力，涌现出许多可歌可泣的动人事迹。其中自治区、盟、县三级12个帮扶单位在1996年共计援助建校资金79.2万元，新建小学8处，建筑面积1198平方米；1997年内蒙商检局等5个包扶单位共计捐资50万元，新建农村小学6所；1997年韩国友人李先生投资2万美元援建标准化学校1处；1998年邵逸夫先生投资15万元港币，新建标准化学校1处。据不完全统计，仅在1994年至1999年，全县就筹集资金1850多万元，新建维修校舍面积116041平方米，使砖瓦化校舍面积由1994年的20%提高到1998年的90%以上。

撤点并校及体制改革

商都县的教育管理机构在进入21世纪之前尚称"教育委员会"，自2002年6月起方才正式更名为商都县教育局；同年八月，商都县体育事业服务中心归口教育局，原体育局局长出任教育局副局长，单位名称不变；2015年3月，商都县教育局又与商都县科技局合并，原科技局局长出任党委书记，单位名称改为"商都县教育科技体育局"。机构合并之后，为顺应形势发展需要，教育科技体育局又将原内设机构重新整合为办公室、教育股、科技股、师资管理股、计划财务股、体育卫生艺术股、学校安全管理股和督导室等八个职能股室。

近年来，商都县紧紧围绕全面提高教学质量这一中心，全面推进教育科技事业的快速发展并取得了显著成绩。

截至2015年，全县共有中小学26所，其中普通高中1所、职业中学1所、初级中学4所、城镇小学8所（含民办学校1所）、农村寄宿制学校8所、教师进修学校1所、公办幼儿园3所。全县共有教职工1962人（不含局机关、教师进修学校及幼儿园事业编制人数），全县在校学生总数18325人，其中普高2477人、职中1962人、初中4893人、小学8993人。

特别是跨入21世纪之后，商都

县的中等职业技术教育紧贴教育发展前沿，投入大量资金改善办学条件。商都县职业中学现有综合教学楼一栋，建筑面积6589平方米，有男女公寓楼各一栋，大小餐厅9个；在校学生1383人，教职工87人；各教学班都配有多媒体教学设备和实物投影仪；理化生实验室、电教室、多媒体视听教学网络室总面积达到650平方米；图书室拥有藏书32000多册。目前该校已成为乌兰察布市办学规模最大、声誉最好的一所中等职业学校。具体承担着中等职业学历教育、成人学历教育、农村劳动力转移培训和城镇下岗职工再就业的培训教育工作。学校开设有建筑、机电、汽车驾驶与维修、医护、美工、财会、旅游、农学、计算机、幼师、采矿、焊接、化工等13个专业，在对口升学考试方面连续十一年夺得了全市综合排名第一的好成绩。

在教师进修与师资培训方面，县教师进修学校承担着全县各行各业专业技术人员继续教育培训和教师岗位培训以及学前课标、课程、远程教育等各级各类培训工作。特别是自2013年以来，多次举办全县中小学校长提高研修培训活动，分别就"学校管理"和"学校管理中的教育哲学"开办专题讲座。据不完全统计，仅在2013年就先后组织骨干教师200多人（次）深入到县内20多所中小学和幼儿园开展听课、评课活动并进行学习交流和调研，全年完成培训人数已经累计达到7408人（次）。

在教师队伍建设方面，商都县着力提高教师队伍整体素质、不断优化人员结构，坚持从规范管理、深化改革、加强培训等诸多方面入手，以修师德、正师风为目标，全面开展师德塑造工程和良好形象工程；加大对乱补课、乱办班和乱收费现象的集中整治力度，同时积极推进中小学人事制度改革，认真落实教师法，清理擅自离岗教师；在普通高中、职业中学继续实行教师资格认定制度并且设立了教师课时津贴；在全县中小学推行教育教学实绩奖励制度，建立健全了重能力、重实绩、重贡献的激励机制。

在领导班子建设方面，商都县本着"公开选拔、平等竞争、择优选聘"的原则，于2012年着手制定了《商都县中小学校长（幼儿园园长）公开竞聘方案》，并且经市教育局和县委组织部批准，对全县中小学校长及幼儿园园长人选进行公开竞争选聘。在此基础上，又于2013年年初，对全县中小学副校长、幼儿园副园长进行了竞争选聘。通过正副校长、园长竞聘上岗，极大地调动了校级领导班子的工作积极性。

在经费保障及勤工俭学方面，努力适应义务教育经费保障机制改革要求，理顺以中央财政和自治区财政投入为主、以市财政和县财政适当负担的经费投入体制，逐步免除农村义务教育阶段学生杂费；同时为贫困家庭学生免费提供教科书并补助寄宿生生活费，不断提高义务教育阶段中小学公用经费保障水平、逐步建立农村义务教育阶段中小学校舍维修改造长效机制，巩固完善了农村中小学教师工资保障机制。从2009年开始，全县义务教育阶段学生全部免收杂费并且免费提供教科书，寄宿生生活费补助标准提高到小学每生每年500元、初中每生每年750元，同时县政府将中小学公用经费全额纳入财政预算，中等职业学校家庭经济困难学生全部享受助学金，从而为进一步深化教育体制改革奠定了坚实的基础。

回顾总结商都县在教育工作中的经验和做法，主要有如下五个方面：首先，提高认识，转变观念，明确办学目标是做好教育工作的重要前提；其次，加强领导，真抓实干，健全完善组织机构是确保教育事业健康发展的根本保证；第三，多方筹措资金，加大投入力度是实施义务教育的关键所在；第四，建设一支结构合理、学科配套、质量合格的师资队伍是深化教育教学改革的基本条件；第五，加强学校管理，创新办学理念，构建学校、家庭、社会"三结合"教育网络是社会主义教育事业的力量源泉。

附：商都师范分校的前世今生

商都师范分校的前身是乌盟师资训练班商都分校，校址在原四台坊公社冀末营。

1974年10月，师训班改为"乌盟师范学校商都分校"，当年招生40人，学制两年，学生由各公社推介，经费主要由盟教育局拨付，接受盟教育局和县教育局的双重领导。

1977年改革招生制度，乌盟师范商都分校从全盟十七个旗县招收语文、数学专业班各一个，每班40人。

1978年又招收语文、数学专业班各一个，总共招收学生110名。

1979年7月，商都师范分校开始通过国家统一考试录取学生，当年招收语文班一个、数学班一个、普师班两个，学生总数为177人。此后每年招收两个专业班、两个普师班，专业班的学生毕业后担任中学老师，普师班的学生毕业后担任小学老师，一律在全盟范围内统一分配。后来为整合教育资源，乌盟师范商都分校被归并到了集宁师专，并于1988年正式宣布改称商都县职

原乌盟师范学校商都分校校舍

业技术学校。

中华人民共和国成立前商都地区的文化娱乐状况简介

在新中华人民共和国成立前，由于商都一带人烟稀少、自然条件恶劣，所以基本上没有什么文化娱乐活动。

如果说在民国前期真要有什么文化生活的话，那便是每年旧历六月十五举办的传统庙会了——由于在庙会上总要有一些民间艺人展示才艺，这对当地汉族群众来说当然就是最大的文娱活动了，因此每年的庙会都能够吸引人们前往观赏。

1918年建县之后，在城内才正式出现了比较正规的戏剧演出，其中最为隆重的是每年旧历四月二十八的奶奶庙会。庙会的由来据

说是由于在建县的头一年，七台营子流行疫病，儿童死亡甚多，人们为乞求神灵保佑便领牲唱戏许愿建庙。结果很快就盖起一座奶奶庙（今印刷厂院内）。于是从这一年开始，每年的旧历四月二十八都要举办庙会。还有一个堪称为商都地区盛大文化活动的是马王庙会，这个庙会的会址起初在沙河庙（兴和县境内），后来由牲畜经纪人集资又在奶奶庙前盖起一座马王庙。从此每逢庙会都要焚香供神，唱戏助兴。

当时在庙会上助兴的主要是集宁的张福连戏班。这个戏班是当时察哈尔地区唯一的大戏班，它不仅能唱晋剧也能唱京剧和评剧。只是由于演员流动性很大，几乎每年冬季都要散班停演，到来年再重新招

聘演员。其中比较出名的小旦演员有吴彩霞、玉梅子、十三旦，正旦演员有花女子、玻璃翠，青衣演员有王素琴、莞香玉、吴彩凤、白艳云，小生演员有十七生，老旦演员有小金凤，老生演员有金兰子、九岁红、十二红，丑角演员有自来丑等。

因为演员多数不固定，每年临时凑班，所以上演的剧目也不多。主要剧目有：《打金枝》《五鸿图》《汾河湾》《迥龙阁》《梅降雪》《三疑计》《六月雪》《过五关》《走雪山》《打登州》《赶三关》《牧羊圈》《桑园会》《三娘教子》《胡迪骂阎》等二十多个剧目。

建县初期，除庙会演出外，当地民众在每年正月十五前后也会自己串联起来组成踩高跷、玩杂耍、表演小型二人台剧目的戏班子进行演出。

到日据时期，由于日本人竭力推行"王道乐土"，疯狂发展妓院、赌场以及五花八门的俱乐部，结果为招揽生意，有人便不惜花大价钱从外地雇来名角表演，于是全县的戏剧种类便很快多了起来——除了时常表演整台的折子戏之外，还有许多文娱班组来商都演出。比如北京的落子、蔚县的秧歌、应县的孩儿腔、黄德胜的娃娃戏，还有阳高、兴和、化德和商都四个县的二人台剧团你来他往也着实热闹红火。那时候，从县城到农村，长年累月都不间断有点文娱活动。甚至许多大戏班在每年农闲季节都要到十八顷、四台坊、屯垦队、卯都等较大的村庄去"赶台子"，其热闹景象由此可见一斑。

值得一提的是，在日据时期表现比较突出的是丰镇县秦五达的大戏。秦五达刚来商都时先是借用刘大补的旧戏箱子，从绥远、大同等地请来一批演员（主要有小旦玉梅子，正旦花女子，刀马旦露水珠儿，青衣田金凤、小金珠儿、烂玻璃，小生栓鱼儿，老生果子红、老女红，净角狮子黑，丑角鸡毛丑等），随后又从丰镇叫来十几名跑龙套的，就这样组成了戏班。到1940年，他又从太原请来一批名演员，其中有青衣霍金凤、翠翠旦、毛毛旦，小旦莜金喜、小花女，老生三红子，净角月牙黑等人。秦五达的戏班从此名声大震，他不但在商都常年演出，而且外出兴和、陶林等县巡回演出也都取得了不俗的成绩。

东路二人台在商都走过的道路

二人台从20世纪30年代传入商都到现在，走过了一条并不平坦的道路。

1930年，"口里"遭年景，后草地（当时商都俗称"后草地"）

秦五达戏班

大丰收，一些民间艺人为了混饭吃就纷纷跑到"口外"来卖艺。这样一来，商都就开始有了文娱活动了。

当时，前来商都卖艺的有兴和阳高的"玩艺儿"（即二人台）、应县的"耍孩儿"、右玉的"道情"、朔县的"秧歌"、河北的"落子"，还有耍猴的、变玩艺儿（即魔术）的、打拳卖艺的等等。先是由西坊子村的李存才从兴和旋天洼领回一个"玩艺儿"班。该班在东坊子村、三大汗村、师油房村和高勿素一带唱了两个春天，很受当地老百姓的欢迎。这是最先传入商都县的一个外地二人台演出社班。

1932年，马家村的马根恒领回阳高的一个"玩艺儿"班在六台滩一带演唱，活跃了当地的文娱生活。

该班有十个人，班主叫元恒子，队员有六娃旦、贾大丑、七五子（艺名"香塌脑瓜子"）、霍金山（艺名"拆散人家"）等。从这一年冬天开始，元恒子就在师油房村留下来教艺授徒。当时跟元恒子学艺的有八号村的三毛眼、二磁牙等人，一个多月就学会了二十多支小曲，如《媒妈提亲》《卖麻糖》《割红缎》《十对花》《摘花椒》《调兵》《串河弯》《送情郎》《探情郎》《三气五更》《叹十声》《惊五更》等。与此同时，六娃旦到西大井村也办了一个班，并于次年正月十五正式登台亮相。这就是商都县最早的两个有本地人学唱"玩艺儿"的二人台社班。

1933年春天，二道洼村的夏有

千也从兴和领回一个"玩艺儿"班。"玩艺儿"班中有些人扎下脚跟在商都安家落户了，其中何官印就是突出代表。

何官印（艺名"凫水娃娃"，攻旦角）原籍阳高，1928年他随母移居兴和县马坊子村，17岁拜师薛英学有所成。1933年，他在商都结束演出后就留在三大汗村开始在商都发展。这一年，他约来薛英，吸收了张柱、田宝子（田家村人）、景四（梁宏村人）、大老六（察哈尔右翼后旗十三颗碌碡村人）、二各子（三大汗村人）、宏计子（三大汗村人）、二磁牙（八号村人）等，组成一个"玩艺儿"班。该班人员齐全，是商都县本地最好的一个二人台先驱社班。

这一年，八台一带也出现了一个"商字号"的玩艺儿班，即"曙亮子班"。曙亮子原名郭世清，籍贯兴和县，幼年时来到商都哈拉沟村居住，17岁拜杨生财为师学艺。后来和于海明（艺名"四黑腿"，攻丑，擅长说口）、白英（艺名"白四女"，化德县人）三人买了服装头戴和乐器，又吸收谢拴来（玻璃忽镜九股地村人）、三兰眼（卯都村人）、四科科（艺名"万人迷"，二道洼村人）、二文明（艺名"猪官丑"，化德县六支箭村人）、段

子英（卯都段堂地村人）、王进富（卯都米万良村人）等人组成一个"玩艺儿"班子，经常活跃在白音不浪、卯都、玻璃忽镜和化德一带，在群众中有较大影响。

此外，在县内一些较大的村庄，每年正月十五前后都有"三官社"（人称"混玩艺儿"）的青年人前来凑趣，他们白天踩高跷，晚上打地摊唱二人台，红火上一个正月就完事了，年年如此。

1937年，日军侵占商都后，为瓦解民心，设立了俱乐部。俱乐部为了招揽客人，就雇佣"玩艺儿"班为其服务。这样，一些民间季节性二人台小班社就变成了常年性的"蹦蹦儿"（东路二人台原称）了。

当时，县城内的俱乐部设在永泰巷薛醋铺院内，由魏三明、包达营分别任正副部长，何官印班就常驻这个俱乐部。后来俱乐部迁至徐生元院内，并且请来了北京的"落子鼓"（即评剧），何官印班就到兴和另谋生路去了。北京"落子鼓"走了以后，郭世清小班到俱乐部顶缺，结果因不受欢迎被尚义的游八子小班取代了。

游八子原名游占奎，兴和县人。他8岁时迁到尚义县高庙子村居住，十五岁拜高八子（兴和县沙河庙人）为师。1937年，他组班常驻俱乐

部，在南壕欠、大青沟、公会和小蒜沟一带流动演出。与他搭班的艺人有丁五子、阎五子、楞板头、杨维、米有才、冯子春、小补林等人。1939年，他们顶替了郭世清小班来到商都县城俱乐部后，没多久就唱红了。

游八子小班在商都县城俱乐部待了一年后，就和何官印小班、郭世清小班轮流进驻俱乐部，并由何官印统管人员分配。后来他们又联合起来成立了一个"三义班"，一直坚持到一九四四年冬天俱乐部撤销为止。

1945年春天，"三义班"解散，何官印、游八子、郭世清、于海明、冯子春、小补林、丁五子、阎五子、白英、楞板头、四科科、王文明、景四、田宝子、杨维等15人组成一个松散的团体赴张北、康保、尚义、兴和等地流动演出，一直坚持到四月中旬。在此期间，日本人正准备撤退，世道乱得很，除游八子、何官印到兴和钦宝营教授剧团，楞板头在卯都图沿门串户卖唱为生外，其他人大都回家务农去了。后来游八子、何官印和冯子春等人又加入鄂友三部队的西路二人台班子在兴和、尚义唱了几天，但因为调门不对，唱不到一起，就各自回家了。

中华人民共和国成立后，商都的东路二人台才步入了一个新的发展阶段。

1949年10月1日，是中华人民共和国的第一个国庆节。从这一天开始，白天有8班高跷队在商都县城同场竞技，夜晚有何官印和游占奎领班唱戏，就这样整整热闹了3天。

这一年的冬天，由县城的阎凤山、白国清、陈天祥、杨桂梅、沈子月、彭三旦等人组织起一个新的二人台演出班子，这个班子第一次吸收了女演员，为二人台艺术增添了新鲜血液。1954年，商都划归河北省之后，传统二人台表演受到限制，于是他们又吸收李阳春、张芝、张丕金等人成立了城关镇联街业余剧团，但因改唱歌剧，业务生涩，便自动解散了。

1950年农历四月二十八，张北县察北宣传队应邀来商都演出，借调何官印和冯子春参加宣传队，使冯子春成长为驰名全国的笛子演奏家。

二人台舞台剧照

后来县文化馆以张丕金、宋天明、燕松林、段有文、惠中官、周凤翔、牛玉枝等一批青年人为班底，组建起商都县第一个县级业余剧团。与此同时，大陆公司、二道洼、格化司台、十八顷、大黑沙土等村庄也成立了业余剧团。当时，由于政府限制传统二人台表演，这些剧团不得不改演晋剧和歌剧，内容以宣传新人新事和抗美援朝为主。

1957年正月，商都县举行了有史以来规模最大的一次文艺会演，这是一次全面展示二人台艺术的"风云际会"，在全县范围内产生了很大轰动。

会演结束后，县文化馆举办了为期10天的有近200名文艺骨干参加的二人台训练班，集中传授了20支二人台曲调、15套基本动作以及扇子功、霸王鞭等技巧，有力地促进了东路二人台艺术的规范发展。会后，全县业余二人台剧团猛增至六十多个。

1958年，商都县国营二人台演出团体——工农歌舞团应运而生。该团由秦敬廷任团长、高乐美任辅导员、宋天明任乐队队长，招收杨振华、张万才、桓金花、牛润莲、何仙花、傅梅枝、贾凤英、刘秀珍、麻桂芝、张根梅、冯义、张秀莲、张美蓉、张科、邸玉兰、方富才、

于德江、杨俊等一批二人台尖子人才，奠定了商都县新一代二人台的人才基础。没多久，剧团改为艺校，由张宏恩任校长，新招了一批学员，除了排练《打金钱》《打樱桃》《打连成》《挂红灯》《走西口》《探病》等一批优秀二人台传统剧目外，还推出了古装戏《荒山箫声》《借年》《茶瓶计》《算命》等，在一年时间里走遍了全县各个大队，受到群众普遍好评。一年后，工农歌剧团随坝上五县合并迁入张北。不久又回到商都并且被充实到县晋剧团，为活跃当地文化生活发挥了积极作用。

1966年后，二人台艺术被革命样板戏所取代，在此期间，县工程队和县毛织厂的业余剧团曾经演出过《走西口》《方四姐》《巧相遇》《探病》《算命》等二人台传统剧目，使广大观众眼前一亮。

1976年"文化大革命"结束后，东路二人台艺术再度登台亮相。这一年，由大南坊子公社剧团代表商

西井子兰家班舞台剧照

1976年商都县高勿素中学文艺宣传队留念

都县赴乌兰察布盟参加会演，以一出二人台表演唱《爷俩喜看机井群》（李魁编剧，高乐美作曲）为商都争得了荣誉。

从此之后，商都县的二人台艺术终于走上了一条振兴发展之路。1980年，县文化馆筹备成立了县级业余二人台剧团；剧团经常深入农村巡回演出，为商都巩固、培养了一大批中青年二人台艺术骨干，同时整理、发掘出一批二人台传统剧目和古装大戏。从1984年开始，借助大办农村文化站的时机，一批个体文化企业蓬勃兴起，其中影响比较大的有西井子的兰家（兰殿彪）剧团、十八顷的郭有山剧团、磨石山的"利民"剧团（徐发创办）、玻璃忽镜的麻桂芝剧团、喇嘛勿拉的于四剧团等。期间南文述和高乐美于1991年组建了"洪乐演出队"，坚持5年多时间深入基层宣传、服务"计划生育"基本国策，为继承和发展二人台艺术做出了贡献。到20世纪90年代中期后，许多青年艺人跟随鼓匠班当了"唱工"，还有人搭班到外地演出赚钱，使传统二人台艺术从内容到形式都发生了很大的变革。

内蒙古商都县东路二人台传习所

东路二人台是植根于商都大地的一株艺术奇葩。早在1999年，商都县就被自治区文化厅命名为"东路二人台艺术之乡"，在2008年又被列入自治区第一批"非物质文化遗产"项目，其中高乐美、郭有山二位民间老艺人被举荐为自治区级别的"非物质文化遗产"传人。

党的十八大以来，为了进一步繁荣和振兴地区文化事业，商都县决定成立"东路二人台传习所"。"传习所"牢固树立"传承、创新、发展"理念，不断挖掘和传承东路二人台这一具有浓郁乡土气息的文化资源，使得东路二人台这一古老的艺术表现形式又焕发出了勃勃生机。目前，"内蒙古商都县东路二人台传习所"聘有艺术指导老师五名、演员阵容一般保持在四十人左右。"传习所"排练的节目除了经常参加宣传文化部门组织的"三下乡"活动之外，还积极配合政法、计生、安监、食品药品监管等各有关部门开展巡回演出，其中大型东路二人台歌舞剧《幸福家园》还在2016年乌兰察布市春节联欢晚会上荣膺"文化创新"特别奖，卓有成效地拓展了东路二人台的艺术空间，彰显了东路二人台的艺术魅力。

主要文化设施

祥和广场

祥和广场始建于1998年，时称文化生态广场，后易名为生态广场，2013年改称祥和广场。

2004年进行第一次改造；2010年又筹资400万元对广场周边路沿石、路肩予以更换并拓宽场内硬化面积。2011年，新建雕塑1座，架设电子显示屏1个，安装景观灯30

机，重新规划建设了健身区、休闲区以及景天系列花草区，在硬化和绿化间隔带栽植了绿篱墙。改造后的生态广场绿草如茵，油松滴翠，鲜花烂漫。入夜之后，花灯竞放，流光溢彩，尽显现代时尚和浪漫风情，成为人民群众不可或缺的精神文化生活乐园。

水漩公园

水漩公园始建于2010年，是一处集文化、健身、休闲、娱乐为一体的综合性公共活动场所。公园面积260亩，建有5000平方米的演艺广场，12000平方米的人工湖，66延长米的景观游廊，400延长米的景观花架，2800平方米的老年人活动中心，2500平方米的儿童游乐场，5座45平方米的凉亭、碑亭，还有假山1座。正门为高14.8米、宽30米的仿古式门楼，入门向南是一块硕大的镌刻有《商都颂》的花岗岩石碑，演艺广场西、南、东三面呈环形矗立12根生肖柱。园内共栽植各类树木8000株，铺设草坪12000平方米，绿化面积18.6万平方米。

每到夏秋季节，公园内杨柳滴翠，湖水泛碧，曲径通幽，游人如织，极富诗情画意。

府前广场

府前广场位于党政大楼南端，呈对称型分东西两片，总面积6.9万平方米。2008年以来，聘请呼和浩特市园林规划局技术人员规划设计，动员驻商企业和能人大户捐资95.9万元，采取公开招标、聘用专业队伍经营管理的方式，对广场进行高标准、高质量的绿化美容。共栽植新疆高杆杨3995株、油松573株、云杉1190株、垂榆622株、花灌木1994穴、圣诞果240株、西府海棠80株、金叶榆120株、杜松墙560延长米。2010—2011年，更换大理石路沿1020延长米，在场内打配机电井1眼，在东西两片各修一条3米宽的U型水泥路，方便了树木浇灌抚育和市民休闲观光。

体育场

体育场位于商都县高级中学西侧，占地总面积3.8万平方米，与青少年活动中心隔路相望。2010年7月20日动工兴建，2011年6月竣工并交付使用。内设主席台、看台、400米标准塑胶跑道以及乒乓球、羽毛球等活动场馆，可容纳1.2万人观看体育竞赛。平时，吸引了众多体育爱好者入场进馆开展健身活动，重大节日组织开展乒乓球、羽毛球比赛以及中小学生体育运动会，不失为开展全民健身运动和进行学校体育教学的理想活动场所。

商都民俗博物馆

商都民俗博物馆坐落在南湖湿地生态苑正门入口处，院内展示的石碾、石磨、辘轳、石臼等记载着过去流逝岁月的器物，让人不由得想起了商都的先民们在漫长历史演变中所经历过的风霜雨雪，那一长溜驼队不仅记录着商都人生生不息的奋斗足迹，更让人不由想起了商都人的不羁和洒脱。

在民俗博物馆室内陈列的众多物品中，既有成功者留下的辉煌足迹，也有失败者落魄时落下的泪痕。皮袄、毡靴乃至算盘、马镫、鼻烟壶等等，桩桩件件都能够见证这里曾经有过一个车水马龙的商贸驿站，这里曾经是一个集草原文化、农耕文化和商业文化为一体的多元文化中心。那时来自全国各地的商贩们驮载着金钱，驮载着风险，驮载着希望，驮载着南来北往的风俗和方言，在商都这片热土上留下了深深的印迹。近年来，商都民俗博物馆本着立足实际、求真务实的原则，将这里打造成了一个集收藏、保护与展示商都历史和现代建设成就为一体的综合性文化服务场所。

附：东路二人台与新型文化产业

东路二人台俗称"玩艺儿"，有的地方称"蹦蹦儿"，有的地方为区别于山西晋剧这样的大戏而称之为"小戏"。长期以来，因东路二人台广泛流传于乌盟东部及张家口坝上地区和山西省雁北一带，加之与西路二人台在流传地域和演出风格上都不尽相同，故而分门别类被命名为东路二人台。

据高勿素乡西大井村的老艺人张补林讲，商都县第一个学习东路二人台的是小海子乡丰润村的何官印。何官印出生于1913年，原籍阳高县，1928年迁居兴和县马坊子村，1933年才迁往商都县小海子乡丰润村。那时候，他就已经和别人搭班唱"玩艺儿"了，大概是由于他的表演很有特色，故而博得了一个十分秀气的艺名——"凫水娃娃"。

此外，还有几位在艺龄上与何官印堪比伯仲的老艺人：一位是小海子乡田家村的田凯，他从1931年开始与何官印搭档演戏，算是学唱东路二人台的"始作俑者"；另一位是二道洼乡哈拉沟村的郭世清，他在1930年冬就从师阳原县东井集大柳树的艺人杨生财，干起了唱"玩艺儿"的营生；还有一位是高勿素乡西大井村的张补林，他15岁时在尚义县阎五子戏班打小钗，后来一边放羊一边吹笛子，颇见演奏功力；第四位是1929年流落商都的霍金山，他从十六岁开始学唱大秧歌，后来又学唱东路二人台，由于饰演旦角扮相迷人，表情生动，被戏称为是"拆散人家"的优伶。

如果说何、田、郭、张、霍是商都县东路二人台的"开山"艺人，那么常有录（1889年生人，原籍尚义县三隆村，后定居商都县卯都图）、游占奎（艺名游八子，1917年生于兴和县城，后移居商都县四台坊子乡公主城）、高乐美（原籍兴和县，中华人民共和国成立后移居商都县）和土生土长的商都人张柱（艺名"三毛眼"）、张永明（1923年出生，四台坊子乡公主城人）、于海明（艺名"四黑腿"，1941年学艺）、郭有山（十八顷人，14岁学艺，在商都县二人台老艺人中年龄最小）则是继他们之后继承并发扬光大了东路二人台艺术的后起之秀，他们的演艺活动曾对商都东路二人台的发展产生了重要影响。

此外，中华人民共和国成立前学唱东路二人台比较出名的还有：丰润村的二搁子，梁家村的宝忠子、麻永德、二黑小、王国忠、赵天明，公主城的郝占元、李天龙、王万英、高强藻，四台坊的王存礼，范家村乡曹家沟村的摸脱李三，二道洼乡人头山的孟二旦，西井子乡东井子村的三豁子等人。学乐器的有小海子乡史油坊的腊六子（笛子）、公主城的侯生龙（笛子）、小红茂营的张凤岐（四胡）、范家村乡的曹世元和他的徒弟胡世祥（四胡）等人。

当东路二人台尚未在商都县站稳脚跟之前，最初是有志者只身出外延师学艺，而后是学成后在外搭班演出，再后来才是在当地组建戏班开展职业或半职业化的演出活动。据《中国戏曲志·内蒙古卷》记载，中华人民共和国成立前商都县培养东路二人台的班社共有三个，即张柱班、兴艺班、常有录班；由艺人带头组建的戏班有三个，即霍金山班、冯换奎班、游占奎班。这些班社或活动于乡村，或驻集镇俱乐部演出，把群众喜爱的东路二人台艺术传播到各个角落，为活跃群众文化生活发挥了积极作用。

张柱班：1940—1943年创办于商都县十八顷乡（原富东乡）段家村，班主兼教师为张柱（艺名"三毛眼"），学制三个月。该班招收学员时，教师亲自面试，应试合格者与师傅签订契约。契约规定：学徒期满三个月后即可随班出台演出，满三年后才能离班，三年之内不得自行组班或搭班演出；学员每月向师傅交三斗莜麦作为学费，教师每日上午、下午和晚上教授《大走西口》《回关南》《怕老婆》和《妓女告状》等剧目。

兴艺班：1943年创办于十八顷乡梁家村，班主为翁万元，聘用常有录担任教师，学期三个月。招收

学员时，由师傅当面测试嗓音、身材、五官等；学员每月交三斗莜麦作学费，生活特别困难者戏班予以豁免。教学活动一般是白天以练台步、身段为主，晚上以教台词、唱腔为主，传授的主要剧目有《大走西口》《回关南》《三女拜寿》《怕老婆》《妓女告状》等十几个。学员学艺三个月期满，即可自行组班演出，师傅则继聘再办新班。该班开班时首先供奉"三官"，班规严格。

常有录班：1946年冬，由常有录在梁家村开办，招收艺徒十五名，授艺时间三个月，每人交小麦一石；戏班无成文章程，但艺徒须遵师傅立下的规矩行事，违者受罚；授艺期间，每日清晨练习走台步、拿顶、吊嗓子等基本功，然后由师傅传授东路二人台传统剧目。

霍金山班：1930年成立，班主霍金山（1896—1980年）是有名的旦角演员，搭班艺人有阎五子、糊心油、十二灰等人。霍金山1911年学唱秧歌，后改唱东路二人台，演唱吸收了部分大秧歌唱腔，风格独特。他的演出剧目主要有《要女婿》《顶灯》《拉老汉》《三女拜寿》《妓女告状》《大走西口》《回关南》等。

冯换奎班：1930年建立，其前身为六台滩玩艺儿班。班主冯换奎（丑角）经营俱乐部，其戏班遂由

季节性戏班发展为常年职业化班子，常驻商都、化德等地俱乐部。每日两场戏，挣伪蒙疆票子二百圆左右。演出剧目有《妓女告状》《翠云儿要女婿》《大走西口》和《回关南》等等；主要艺人有何官印（旦）、张柱（旦）、安有（旦角，艺名"二姑娘"）、薛英和宏计子（丑）等。

游占奎班：是察哈尔省北最著名的东路二人台戏班之一。创建于一九三二年，班主游占奎（乳名八子）。起初其师傅高八子随班演出，主要演员有高八子、三先生、虎生子、赵二奎和大肚五子等。戏班建立后，在兴和县大五号、黄土村和邓家村等地首演历时一个月左右，首批剧目有《走西口》《种洋烟》《小放牛》《钉缸》《小寡妇上坟》《卖麻糖》和《水刮张家口》等三十多个。日军侵占张家口地区后，一些集镇办起了"俱乐部"，游占奎班儿遂由季节性活动转为常年职业活动，此时职员发展到十七八人，主要成员有：冯子存（我国著名梆笛演奏家，艺名"吹破天"）、杨维（艺名"糊心油"，尚义县银蹄淖尔人）、阎五子（尚义县大贲红人）、丁义祥（张家口地区名艺人）和张补林（艺名"吹塌天"）。此后随着常有录、霍金山、郭有山等人相继入班，演员阵容愈加强大。该班

在当时的察哈尔省北部和绥东数县都颇有名气，曾打入张家口市桥东"篇片园"演出。演出剧目达70多个，其中《大走西口》《翠云儿要女婿》《妓女告状》《钉缸》《继母打孩子》《探情郎》《小寡妇上坟》和《怕老婆》等均为看家戏。在《钉缸》中首创"打摔子"，开东路二人台武打之先河。在加工后的《打酸枣》一戏中，由原剧的三个角色加进一个引路的愣小子，增强了喜剧性和观赏性。

综上所述，从艺人从艺时间推断，商都县当从20世纪20年代末期开始流行东路二人台。而据《中国戏曲志·内蒙古卷》和乌兰察布盟戏曲志编辑部的专家考证，东路二人台的形成年代大致在民国初年。但由于在中华人民共和国成立前战乱频仍，东路二人台不仅难以维持正常的活动，还有相当长一段时间销声匿迹，不为人所知。

直到中华人民共和国成立后，东路二人台才获得了新生。在20世纪50年代初期，随着这一民间艺术的全面复苏，商都县城乡的不少地方都自发组织起二人台玩艺儿班，为迎接新春自娱自乐。

1952年，又在城乡各地涌现出一批崭露头角的新演员，如赵奎元、白国庆、彭三里、阎占魁、陈天祥、

郭金，田喜子（罗平店人）、边进亭（十八顷二洼村人）等。许多老艺人也枯木逢春，重新延续了艺术生命。1953年，游占奎、张永明联合郭有山、宝忠子、二黑小在城关镇大庙搭班演出，他们表演的东路二人台传统戏《翠云要女婿》《英台下山》，以及改编的现代戏《二黑子结婚》都在广大观众中留下了深刻印象。

1956年，商都县贯彻"双百"方针，文化馆召集一批东路二人台老艺人举行会演，其间游占奎、张永明演出的《四大拉杆儿》等优秀传统剧目受到人们的好评。是年冬，高乐美在大南坊子乡五泉洼住村教戏，他传授的东路二人台剧目，在走村串乡的演出中博得观众的好评。1958年，商都县民间歌舞团应运而生，这是商都县第一个由政府组织的国营东路二人台表演团体，它的成立标志着商都县东路二人台迈入了一个新的发展阶段。

商都县民间歌舞团成立后，培养造就了一大批二人台艺术新人，加工改编了一大批东路二人台优秀剧目，诸如《挂红灯》《五哥放羊》《打连城》《打金钱》《压糕面》等剧目在全县各地演出后深受观众欢迎，其唱腔唱词在群众中广为流行。有些剧目还受到了上级有关部门的赞许，比如由麻桂芝和桓金花联袂演出的《打金钱》剧照，就曾在《中国舞蹈》杂志的封面上一展风采。

1962年，县文化馆又成立了业余歌舞团，该团排演的二人台小戏《割红缎》在县剧场演出产生了轰动。这期间，县文化界的一些专业工作者对部分东路二人台剧目的音乐进行了搜集整理，为以后的抢救工作创造了条件。

20世纪60年代中期到70年代末期，东路二人台在商都县时盛时衰，但其民间艺术的主体地位始终没变。其间，各地都时断时续地成立过一些二人台业余演出队，县文化馆曾几度荟萃优秀演员成立了长期或临时的二人台剧团。这些演出团体尽管有的自生自灭，有的难以为继，但它们锤炼出了一大批二人台新人并且至今仍活跃在城乡的文艺舞台上，为东路二人台这一民间艺术的发展起到了承前启后的作用。

党的十一届三中全会后，商都县的文艺事业又翻开了崭新的一页。特别是由县计生局组织的洪乐演出队，能够紧密结合计生工作的时代特色，不断发扬光大东路二人台的精髓，坚持按照农忙分散、农闲集中的原则巡回各地演出，为广大农民群众传播了健康的精神食粮，被

商都电影院

人们誉为"庄户人的红火团"。

在复兴东路二人台演出活动的同时，各种挖掘、抢救工作也富有成效地逐步展开。1979年3月中旬，游占奎、郭有山先后赴呼和浩特市参加民间戏曲、曲艺音乐录音会，拉开了全国重点艺术科学科研项目——"七大艺术集成"工作的序幕；1980年，由县文化馆油印的《民间音乐资料》搜集了1979年采录会的详细资料；1980年6月，自治区的王世一和席子杰二位专家首次赴商都开展东路二人台采录工作，我县的游占奎等六名老艺人主动挖宝献艺，收效颇丰；1988年3月，在乌兰察布盟文化处举办的录音会期间，商都县的游占奎、郭有山、张永明、张柱、田凯、高乐美、胡世祯和胡

世祥作为被邀艺人，在自治区和乌兰察布盟几位专家的协助下，又挖掘出一批宝贵的二人台传统剧目；1990年3月，由自治区、盟、县三级在商都县联合举办了戏曲音乐和器乐曲录音、录像会。1994年4月，《中国戏曲音乐集成·内蒙古卷》编辑部专家来商都县开展录音、记谱工作，高乐美与樊树茂表演的《高大人领兵》一剧全程参加了集中采录活动。此外，为及时抢救和研究东路二人台艺术，商都县的广大文艺工作者及知名老艺人也都能够顾大体、识大局，无私奉献、积极配合。其中在《中国民间歌曲集成·内蒙古卷》一书中收录了商都艺人游占奎、郭有山、高乐美演唱的东路二人台唱腔8首，收录了王世安以

商都剧场

及与人合作记谱的东路二人台唱腔6首，另外在《中国戏曲志·内蒙古卷》一书中载有商都县艺人表演唱的东路二人台唱腔8首。在《中国戏曲志·内蒙古卷》载有商都县艺人表演的彩色剧照两幅、化妆彩照六幅；载有游占奎独创的"小爱毛"介绍及黑白化妆照片一幅；同时还载有游八子班、霍金山班、常有录班、张柱班、兴艺班、冯换奎班六个班社及常有录、梁录两位已经作古的老艺人小传；还有游占奎班儿独创的舞台砌末、道具"撂子"以及《怕老婆》剧目和郭有山的独特表演介绍等等；在音乐条目中引用了三位老艺人的演唱唱腔以及王世安的记谱唱腔共计11首；在内蒙古《东路二人台音乐》一书中共计编入了商都县艺人演唱的东路二人台唱腔55首，编入王世安、闫福及与人合作

记谱31首；在《东路二人台传统剧目选》中，有六个剧本全由商都县四名艺人口述，后经席子杰改定。

在乌兰察布盟文化处编印的《东路二人台传统剧目专集》以及《戏剧资料》中，有商都县郭有山、游占奎、高乐美提供的各类剧本29个约43万字，另有东路二人台艺术资料文章14篇约7.7万字。提供剧本份额占全盟剧本总数的83%。

民生荟萃

HUASHUONEIMENGGUshangduxian

民 生 荟 萃

MINSHENGHUICUI

改革开放以来，不甘落后的商都人民团结进取奋力拼搏，描绘出一幅幅舒展自如的小康生活画卷，使得商都大地就如同出水芙蓉一般变得越来越俊美、越来越端庄、越来越婀娜多姿了。

城市街道景观

在商都县，无论走进繁华的城镇还是广袤的乡村，随处可见规划整齐的村落、坦荡如砥的街巷、宽敞整洁的庭院乃至精致实用的文化广场。不管是在田畴里还是房舍前，那一张张笑脸，那一句句对新生活充满希望的心里话，就如同一幅幅和谐瑰丽的新农村画卷，真实地展现出了在广大农村牧区所发生的变化。

全心全意为人民服务始终是中国共产党的根本宗旨。检验我们的工作是否富有成效，最终要看广大人民群众是否真正得到了实惠，人民生活是否真正得到了改善。为此，商都县坚持按照党中央有关切实保障和改善民生工作的指示精神，仅在"十二五"期间就累计完成投资19.5亿元，新建和整修道路52条，硬化主街道12万平方米，打通了与呼满通道相连接的3条出口路和1条外环路；建设了日处理能力为100吨的污水处理场，共计铺设排水排污、供水管道2.1万延长米，集中供热面积达到了91万平方米；在七台镇更新和栽植常绿树种8万多株，铺设草坪 2.6 万平方米，安装路灯 1250 机；建成了万福花园、碧洲家园、新都佳苑、党政住宅小区等经济适用型小区；全面改造了生态广场，新建了府前广场，启动了不冻河公园建设，建成了体育场、青少年文化活动中心，如期实施了外环路和七台大街南端拓宽改造工程。同时坚持建管并重、管重于建的原则，使城镇建设管理水平得到了全面提升。

在加快城镇化建设的同时，商都县坚持试点先行，稳步推进新农村建设的总体思路，于 2010 年采取以乡村建设为主、包村科局帮扶、涉农项目资金倾斜的办法，开始在交通便利、产业优势突出的 14 个村庄推进新农村建设试点工作。

特别是在 2011 年，借助全市精神文明建设现场会在商都召开的机遇，商都县大力加强市政设施建设和新农村建设，积极构建布局合理、结构完整、功能互补的人居环境和城乡体系。其中在七台镇新建经济

街头雕塑

卫生部门为农民义诊

适用型住宅项目 24 个、续建经济适用型住宅项目 22 个，有效改善了城镇居民住房条件；另外新建和整修道路 28 条共计 18.1 万平方米、硬化路肩 22.7 万平方米；栽植更新各类道旁林 12 万株，铺设草坪 5.8 万平方米；安装路灯 622 机；铺设排水排污管道 3.4 万延长米，铺设更换供水管道 9800 延长米；同时对主街道两侧楼体进行了亮化和美化，安装了城镇雕塑和广场雕塑。

在乡村坚持按照"因地制宜，渐次推进"的原则，全面开展以主导产业培育、村容村貌整治、基础设施建设为主要内容的新农村建设，取得了良好的示范效应。

上述各项民生工程不仅为广大农牧民带来了实现全面小康生活的历史机遇，同时也切实有效地推动了强县富民的进程。

近年来的城镇化建设成就

近年来，商都县坚持把城镇化建设作为拉动县域经济快速发展的突破口，累计投入基础设施建设资

过去坑坑洼洼的街道

如今宽阔平坦的水泥路

金65亿元，在城区范围内集中实施了道路、广场、给水、排污、供气、供热、绿化、亮化、净化、美化十大工程，并且相继在七台镇建成标准化公租房和廉租房3020套，在全县十个乡镇建成互助幸福院4746户、改造危房4267户，同时在城乡养老保险、医疗保健以及最低生活保障方面均取得了突破性的进展。

2006年投资2.85亿元，在七台镇新建和整修道路13条，铺设排水排污管道6084米，并增设了简易氧化塘；新建热力站2个，增加供热面积10万平方米；更新和栽植常绿树种1.1万多株，新铺草坪2万多平方米，安装路灯246机；新建社区休闲广场2个，第一轮旧城拆迁

改造工程全部竣工。

2007年，坚持扩容提质和基础设施并举的原则，完成投资3.7亿元，促使交通运输、商贸物流、餐饮服务实现新的突破，第三产业增加值达到7.6亿元，同比增长11.8%。

2008年，在七台镇大规模组织实施以道路硬化、排水排污、供水供热为重点的市政建设工程，新建和整修道路12条，铺设排污管道4600延长米、供热管道6000延长米；在旧城区新建和维修公厕15座，新建污水池25个；在不冻河新建水源地一处，更新供水管道2400延长米，切实解决了城镇供水不足问题；同时还实施了以绿化为主的府前广场改造和生态公园美化工程，新建了火车站站前广场。

2009年投资4.1亿元，在七台镇新建混凝土道路13条，同步铺设排污管道6632延长米、供水管道7900延长米、供热管道6000延长米；栽植各类树木2.8万株，安装路灯332机；在七台大街绿化带新建防

水泥路修到了农民的家门口

社区公共活动场所

护栏 4200 延长米，完成了府前广场和文化公园广场改造任务；实施了万福花园、新都佳苑等商住小区二期工程，全年实现第三产业增加值 11.2 亿元，同比增长 24.4%。

2012 年，以打造宜居宜业生态型城镇为目标，共计完成投资 9.6 亿元，在七台镇集中实施了给排水、硬化、绿化、亮化、美化工程，城镇功能进一步完善。污水和垃圾处理场正式投入运行。新建了南湖生态公园，实施了水漩公园二期工程，完成了府前广场、生态广场改造工程，形成了与军民绿化基地相得益彰的"两园两场一基地"生态景观。同时以培育主导产业、整治村容村貌、完善基础设施为重点的新农村建设得到了全面推进。

新世纪全县基础设施
建设路线图

"十五"时期，是商都县开展基础设施建设和生态文明建设的黄金阶段。在此期间，全县固定资产投资年均递增 88.7%，累计完成 19.5 亿元，是"九五"时期的 20 倍。依次完成了商都—土牧尔台二级油路、屯垦队—大库伦小油路、商都—五台河二级油路、呼满省际通道商都段公路建设；"村村通"公路工程累计投资 5368 万元，为 176 个村解决了行路难问题；建成 500 千伏和 220 千伏变电站各 1 座，同时对 110 千伏变电站进行了扩容改造。

具体实施步骤排列如下：

2006 年，玻璃忽镜—卯都三级油路全线贯通，七台—大黑沙土三级油路完成部分桥涵和 22 千米的路基工程，总长 67.4 千米的通村公路基本竣工；全县完成人工造林 1.5 万亩，人工种草 0.5 万亩，封山育林 5 万亩，增加水保治理面积 10.1 万亩；新打机电井 201 眼，配套 133 眼，新增节水灌溉面积 2.02 万亩；全县安置城镇失业人员和"4050"人员 2895 人，城镇登记失业率控制到了 4.36%；基本养老、医疗和失业保险参保人数分别达到 11542 人、13978 人和 8388 人，全县有 6100 名

首批移民搬迁剪彩仪式

新型农村合作医疗惠及千家万户

城镇困难居民、7080 名农村特困人口享受到了最低生活保障；扶贫开发解决了 1.27 万贫困人口的稳定脱贫问题。

2007 年，全面启动了新型农村合作医疗制度，参合率达到 86%。全县 6851 名城镇困难居民、17100 名农村特困人口被列为低保对象。

2008 年，投资 1370 万元，新建商都一中教学楼 4597 平方米、学生餐厅 1800 平方米；新建商都二中宿舍楼 2879 平方米、学生餐厅 1800 平方米；新建商都县职业中学教学楼 2960 平方米。投资 277 万元，新建实验小学教学楼 1363 平方米、东升小学教学楼 1000 平方米、卯都小学食堂 300 平方米、小海子中心校生活用房 450 平方米。投资 81.5 万元，为全县各学校购置了体音美教学器材。投资 690 万元，新建了功能较为完善的县医院住院大楼；投资 243 万元，新建（改建）了 7 所乡镇中心卫生院；国债投资 170 万元的中医院整体搬迁新建项目基本就绪；

全面启动了城镇居民基本医疗保险制度，参保人数达到 10459 人。

2009 年，全县完成风沙源治理人工造林 7 万亩、封山育林 7 万亩、水保治理 2.48 万亩，增设网围栏 37.3 万延长米；完成通村公路 34 条，总长 280 千米；分年度建设的七台至大黑沙土三级油路以及该公路与商张公路连接段 20 公里全线贯通，七台至乌兰哈达三级油路建成通车；完成了屯垦队至旗台 110 千伏输变

商都县中医院

电网建设

农村供水工程

自来水接到了农民的锅台旁

电工程、玻璃忽镜 35 千伏输变电改造工程；三面井病险水库加固工程竣工并放闸蓄水，八股地病险水库加固工程开工建设；总投资 1851 万元的 37 项饮水工程全部建成并投入使用，彻底解决了 3.37 万人的饮水安全问题。

"六个一"品牌战略助推商都经济发展

作为一个农业大县和人口大县，商都县立足自身优势，紧紧围绕主攻"农"字号，做强"农"字号的产业定位，确立了以"一粒薯、一袋糖、一篮菜、一瓶酒、一头牛、一口猪"为主导产业的"六个一"绿色农字号品牌战略，走出了一条具有商都特色的现代农牧业发展道路。

所谓"一粒薯"就是立足 2010 年被中国食品工业协会马铃薯专业委员会授予"中国马铃薯产业示范基地"的优势，顺应市场需求，减少马铃薯商品薯种植面积，增加专用薯和脱毒种薯面积，切实提高农民种植马铃薯的收益。马铃薯的规模化种植，加之良好的品质都备受市场关注。在 2014 年，全球 500 强企业美国康家食品集团蓝威斯顿公司成功收购了太美薯业公司，全市最大的马铃薯脱毒种薯生产企业希森薯业公司等数家大中型马铃薯加工企业落户商都，带动全县一万多户农民实现了增产增收。目前全县已经具备了年加工马铃薯 40 万吨、生产法式薯条 5 万吨、雪花全粉 2 万吨、精淀粉 2 万吨、粉皮（丝）4000 吨的能力。今后商都县将继续加大马铃薯下游产品开发力度，实现马铃薯由副食消费向主食消费转变、由原料产品向精深加工制成品转变。

所谓"一袋糖"就是要充分发挥农民种植甜菜的传统优势。为此县委、县政府于 2012 年引进赤峰市林西冷山糖业公司，在商都注册成立了佰惠生糖业有限公司，总投资 5 亿元，规划建设日处理甜菜 4000 吨、年加工甜菜 50 多万吨、年产白糖 7.5

康家食品蓝威斯顿生产车间

冷山糖业有限公司

万吨、颗粒粕 3 万吨、糖蜜 3 万吨
的制糖企业，次年即宣告建成投产。
在此基础上，通过采取龙头带动、
订单拉动、科技推动方式，全县甜
菜种植面积达到了 10 万亩，总产量
达到 35 万吨。2015 年，全县落实甜
菜种植面积 13 万亩，公司与 8000
多户农民签订了订单合同。预计到
"十三五"末，全县甜菜种植面积
将达到 20 万亩以上。

所谓"一篮菜"是指商都县作
为全区重点蔬菜保障供应基地和冷
凉蔬菜生产县，要确保建成保护地
面积 8000 亩、露地面积 8 万亩，其
中有认证无公害蔬菜生产基地 5 万
亩、绿色蔬菜基地 5000 亩、有机蔬
菜基地 3000 亩，年产各类蔬菜 10
亿斤。目前西芹种植面积已经达到
2.5 万亩以上，小海子镇八十五号村

被誉为"内蒙古西芹第一村"，年
产西芹 5 亿斤，西芹已经被认定为
商都县的地标产品。此外，洋葱种
植面积已经达到了 2.5 万亩，年产量
达 2 亿斤；胡萝卜种植面积达到了
15 万亩，年产量达 1 亿斤；其他特
色瓜果蔬菜品种有香瓜、西瓜、八
棱瓜、樱桃西红柿、以色列甜椒、
微型西葫芦、荷兰豆、大白菜等 20
多种，产量累计达到 2.2 亿斤。进入
21 世纪以来，商都县先后被国家奥
体中心授予专供蔬菜称号、被自治
区科技厅授予"自治区农牧业科技
产业园"，其中南瓜、辣椒等八个
蔬菜品种获得中国质量认证中心有
机农产品认证。在此基础上，为实
现农民持续稳定增收，商都县又引
进山东青岛千叶食品公司投资 5 亿
元建设了内蒙古乐耕食品公司大型

商都西芹走向大江南北

蔬菜加工龙头企业。安置1500多名农民就业。同时积极培育商都地理标志产品品牌，在国家工商总局注册了"水漩绿韵"商标，在北京内蒙古绿色农畜产品广场和北京绿安农展中心设立销售点，积极推广"农商对接、农超对接、农贸对接"，全力打造北京中央批发市场农产品供应保障基地，为首都市场稳定供应绿色、有机、无公害蔬菜。

所谓"一瓶酒"指的是驰名全国的奥淳酒。商都县每年种植玉米10万多亩，为了将资源优势转化为经济优势，县政府积极鼓励奥淳酒业公司实施退城入园项目，以便吸纳更多的农村闲散劳动力进城就业。目前公司投资3.8亿元建设的7.5万平方米主体酿造车间和1万平方米GMP灌装线以及5万方平米的配套库房均已竣工，入园后的奥淳酒业公司将成为自治区最大的清香大曲酿酒基地。

所谓"一头牛"和"一口猪"是指积极引导养殖户转变养殖观念和方式，以自治区农牧业产业化重点龙头企业"中地生态牧场公司"和河南"雏鹰集团股份公司"为依托，鼓励养殖户走专业化、集约化、良种化、规模化的现代畜牧业道路，进一步优化农牧业产业结构。目前，中地生态牧场公司澳洲纯种荷斯坦良种奶牛饲养量已经达到了1万头，其中产奶母牛5000头，年产优质生鲜奶4.5万吨。雏鹰集团公司投资13.4亿元，规划建设原种种猪场3处、年产仔猪100万口，育肥猪养殖场

奥淳酒业有限责任公司成品车间

3处、年出栏育肥猪100万口。今后，商都将继续加大对"农字号"龙头企业的引进培育，通过龙头带动基地，基地辐射农户，进一步扩大规模、提升档次，使这项富民产业真正强起来、火起来、活起来。

新农村建设初见成效

商都县是乌兰察布地区人口最多的一个县，也是国家燕山—太行山扶贫攻坚片区县。据扶贫部门按照自治区贫困标准（年人均纯收入低于2896元）统计，到2014年底，全县还有3.42万人处在贫困线以下，贫困率占农村常住人口的31%以上。

当然，如果与20年前相比，全县的经济社会发展还是发生了翻天覆地的变化。在20年前，面对工业小穷亏、城镇脏乱差、农业广种薄收、农民温饱无望的现状，尽管历届政府都付出过艰辛的劳动，留下了探索的足迹，但终因基础弱、条件差、一时难以适应由计划经济到市场经济的接轨、未能及时实现由粗放经营向集约化经营的转变。直到1996年，新一届县委、政府领导班子在认真总结过去成功经验的基础上，重新审视商都的县情、村情和民情，认真分析商都的自然人文条件及资源开发环境，最终选定以城镇移民扶贫开发

作为拉动经济发展、推动兴县富民的突破口，以一种顽强攻坚的精神斩断了贫困的魔掌，并在贫困与反贫困的决斗中取得了辉煌的战果。

特别是在实施城镇移民扶贫开发战略的具体实践中，商都县坚持从"五个方面"、采取"十条途径"，通过"八个到村到户"促进异地搬迁和移民扩镇，走出了一条城乡联动、齐头并进、依托比较优势、发展特色经济的强县富民之路，受到了区内外各级领导和扶贫部门的充分肯定。

如今，漫步移民扶贫开发小区，只见树成行、渠成网，阡陌交通、落英缤纷，虽然比不上江南水乡的秀丽妩媚，却也如同是一颗璀璨的明珠镶嵌在商都大地。难怪人们会感到惊奇，在20年前这里还是一块荒草丛生的弃耕地，眼下却屋舍俨然、绿波涌浪，被誉为自治区实施城镇移民扶贫开发的成功典范，受到了外地客商的青睐，也赢得了当

社会保障

新农村建设成果

地群众的交口称赞。

更令人称羡的是，在移民扶贫工作中，商都县立足长远、着眼未来，把生态移民扶贫开发与小城镇建设有机地融为一体，按照"富规划、穷建设，制定优惠感召政策，建设形象拉动工程，营造优美舒适环境，吸纳社会闲散资金，量力而行、渐次推进"的指导思想，依据30年乃至50年不落后的标准，正确处理当前与长远、需要与可能、城镇建设与耕地保护、地面建筑与地下设施、平面布局与立体景观、经济效益与质量保证"六大关系"，以拓宽、改造、硬化、成型道路构筑小城镇建设的强壮骨架，以开发特色高效农业经济小区增强小城镇的扶贫效应，以培育专业市场、发展第三产业、改善基础设施、强化服务功能增强小城镇的市场辐射效应和对外开放效应，以绿化、美化、净化、硬化、亮化和排水排污六大工程为载体，全力倡导以迁得来、稳得住、

富得快和多用光、少用地、高科技、高效益的奋斗目标和发展思路，使移民扶贫开发小区发展成为全县的科技示范区、高效经济区、旅游观光区和对外开放区，形成了一种既不同于沿海发达地区，又有别于区内其他旗县而独具商都特色的扶贫开发模式。

特别是在城乡联手、借地择业脱贫方面，商都县综合利用城郊周边的弃耕地，于1997年规划建设了一处占地2000余亩的绿色食品移民区，将居住在北部风蚀沙化地区的贫困户陆续迁入小区，同时还吸纳了部分农村富裕户和能工巧匠离土经商，有效地改变了消费不旺、市场不活、人流物流不畅的现状，同步实现了搬迁退耕恢复植被、改善生态环境、再造秀美山川的既定目标，初步扭转了政贫民穷、入不敷出的被动局面。

最具开拓精神和启迪作用的是，在实施移民扶贫开发的具体实践中，县里针对移民的实际困难，采取机关单位加大户和机关单位加农户的"双加"模式，将机关单位与农户直接捆绑在一起，摒弃了过去那种单向投入和无偿资助的做法，做到了投资主体的多元化，加快了移民实现脱贫致富的步伐。

通过有计划的移民搬迁，不仅

移民小区迎来了丰收的季节

科学合理地调整了村庄布局，有助于将有限的好地集中起来，使留下的人实现了人均占有 1 亩水地或人均种植 3 亩高产稳产田的既定目标，从而有效地改善了生态环境，提高了扶贫工作效益，保证了扶贫投入的回报率；而且通过疏散人口，还卓有成效地将农村的闲散劳动力以及部分富裕户和能工巧匠集中转移到了县城，促使城镇人口得到了快速扩张，有效地解决了贫困地区劳力过剩与城镇资源闲置之间的矛盾，有力地拉动了地区经济的快速发展，

为广大贫困户实现脱贫奔小康的愿望扬起了希望的风帆。

然而，生存与发展是人类永恒的主题，贫困是当今世界面临的共同挑战。在这场旷日持久的扶贫攻坚会战中，商都县坚持围绕"两不愁、三保障"这一既定目标，按照扶贫对象精准、项目安排精准、资金使用精准、措施到户精准、因村派人精准、脱贫成效精准的要求，扎实推进新农村新牧区建设。于是在短短三年的时间内，一场以建设美丽富裕乡村为目标、以危房改造和街巷硬化为重点、以解决群众生产生活实际问题为宗旨的惠民富民工程很快就在整个商都大地生根发芽。并且结出了累累硕果。

截至 2015 年底，全县精准扶贫工程累计完成投资 73232.76 万元，其中中央投资 16434.11 万元，自治区投资 25656.6 万元，乌兰察布市

精准扶贫建设成果

配套投资 8127.9 万元，县财政配套 17366.32 万元，农民自筹 5647.83 万元。总共建成示范村 133 个、达标村 68 个、一般村 52 个。

其中在危房改造方面，共计完成投资 21164.2 万元。同时村容村貌整治工作也在有条不紊地进行。截至 2015 年底，已拆除危房 20451 间、附房 17515 间；修建院墙 558 千米、人畜分离墙 5.74 万延长米，铺设甬道 5 万平方米，硬化路肩 24 万平方米，新建小广场 15 个、公厕 40 座，对村庄出入口以及房前屋后、户间空地均采用花栏墙、植树绿化等措施进行了美化。

在安全饮水工程方面，已经超

村村通工程

校舍改造工程

额完成了上级下达任务。

在街巷硬化工程方面。共计硬化街巷 451.2 千米，总投资达 20304 万元。

在电力"村村通"和农网改造工程方面，全县所有村庄全部实现了全覆盖。

在"村村通"广播电视通讯工程方面，共计实施"户户通"3562 户，实施"村村响"214 个行政村，建成地面无线数字电视基站 1 处，投资 53 万元全部由自治区补贴。

在校舍建设及安全改造方面，利用自治区"薄改"资金完成了小海子镇中心校 1120 平方米校舍改建任务。

在标准化卫生室建设方面，已

农村危房改造工程

街巷硬化工程

草原书屋

文化活动室

经建成标准化卫生室 119 个，并且全部实现了诊断、治疗、药房三室分离。

在文化活动室建设方面，共计投资 52 万元建成文化活动室 104 个，并与草原书屋等资源充分共享，有效提高了农村文化设施的利用率。

在便民连锁超市建设方面，目前已建成便民连锁超市 128 个，并且全部安装了 POS 机，总投资达 76.8 万元。

在农村牧区常住人口养老医疗低保等社会保障方面，目前已有 51090 人享有养老保险，另有 4693 人享有 80 周岁以上低收入老人高龄津贴，有 128134 人参加农村合作医疗，有 1564 人享受国家五保待遇，有 15470 人享受国家低保待遇。

在推进"精准扶贫"工作的过程中，商都县委、县政府坚持按照乌兰察布市做活"三篇文章"、实施"五城联创"的决策部署，精心构筑以"六个一""农字号"绿色品牌，加快发展以马铃薯、冷凉蔬菜、设施农业和规模养殖为重点的绿色农牧业特色产业，并相继引进了世界 500 强美国康家食品集团蓝威斯顿、希森种业薯业、冷山糖业、乐耕出口蔬菜等龙头企业，形成了 10 万亩规模的冷凉蔬菜基地、10 万亩规模的甜菜种植基地、40 万亩规模的马铃薯种植基地和 4 万亩规模的粮食高产稳产示范田。在此基础上，商都县坚持按照"精准扶贫"与培育壮大特色主导产业、强化基层党组织建设和扶贫攻坚"三到村、三到户"相结合的原则，选派 214 名机关干部下乡驻村担任第一书记，派出 680 名科级党员干部包扶了 1360 户危房改造户。他们深入基层听民声、察民意，确保在"精准扶贫"工作完

便民超市

成之时，同步取得基础设施完善、服务水平提高、产业配套发展、基层组织加强、乡风文明提升、贫困人口锐减等综合成效。如今，他们那一本本"民情日记"就是带着真情驻村入户的最好诠释，那一篇篇"蹲点心得"就是密切干群关系的连心桥，那一场场工作协调会就是践行党的群众路线的丰碑。

六大举措绘就扶贫攻坚宏伟蓝图

近年来，商都县坚持以扶贫攻坚统揽全局，坚持按照构筑"一条通道"（立足区位优势，构筑北接二连、通达蒙古国、东联张家口、面向京津冀的商贸物流通道），夯

十八顷镇东营子村的大棚覆膜种植

实"两个基础"（生态环境和社会环境），打造"三大特色产业"（农畜产品加工业、自生釉陶瓷业、高新医疗科技产业）的发展思路，把农村扶贫开发纳入经济社会发展全局统筹规划、集中攻坚，形成了扶贫开发的六条途径即生态扶贫、产业扶贫、科教扶贫、就业扶贫、移

民扶贫和政策扶贫。

其中生态扶贫就是要坚持不懈地搞好生态建设，从根本上改善生产条件和生态环境。在具体工作中，商都县结合多年来的生态建设经验，牢固树立"三效"统一的原则（即把生态效益、经济效益和社会效益统一起来，把改善群众的生存、生产和生活条件结合起来），坚持开展以开源节流为重点的水利建设、开展以改土肥田为重点的土地建设和以围封保护为重点的草原建设。在项目安排以及资金投放方面，坚持向贫困面大、贫困人口多、受益覆盖率高的地方倾斜，坚持挖掘历史文化潜力及生态旅游资源。目前正在着力打造十八顷镇东营子绿色、环保农家庄园，同时，大黑沙土镇大青沟坊子行政村公主城生态文化旅游景观也已初见端倪。此外，依托七台湖丰富的浅水养殖资源，在七台镇骆驼盘兴建的水上游乐中心也正在紧张有序地建设之中。

产业扶贫就是要坚持因地制宜调整产业结构，大力推进农牧业产业化经营，据以解决结构性贫困问题。在具体实践中，针对不同的受众群体，商都县主要采取以下七种模式进行扶贫对接：一是合作社带动模式。主要通过土地流转入股的方式，吸收贫困户入社，贫困户可

以租赁合作社的设施基地从事蔬菜、瓜果生产，产品由合作社统一经销，使贫困户成为合作社的"参与户"和"带动户"。二是龙头企业支持模式。依托鑫磊、绿娃等龙头企业，引导贫困户从事有机瓜果蔬菜生产，贫困户的收入与其经营的基地产品销售量直接挂钩，保底收入务求高于同类打工者。三是反租倒包模式。依托希森薯业、蓝威斯顿、旭美薯业、乐耕等龙头企业，以优惠价格返租给贫困户，由贫困户自主经营。四是"农户＋合作社＋龙头企业"模式。以雏鹰集团百万口生猪繁育一体化项目为依托，采取由雏鹰集团提供养殖场所并提供仔猪、饲料、技术、防疫、生猪回收等全程服务的办法，为每户注入两万元扶贫贴息贷款，实现年保底纯收入7.5万元的既定目标。五是挂靠养殖企业模式。充分利用农户的现有养殖条件，由腾博生态养殖公司提供仔猪（种鸡）和饲料，并全程跟踪技术服务，开展生猪、肉鸡生态养殖，将每股3万元的扶贫贴息贷款注入腾博公司入股，农户按股分红。六是订单生产模式。依托佰惠生糖业公司联户发展甜菜订单生产，除了由企业提供种子、秧苗、肥料之外，农机具补贴也在享受国家补贴的基础上再由企业补贴1/3，产品价格每吨高于非贫困户10元。七是光伏产业模式——由青岛昌盛日电公司新建光伏小镇，农户每年可凭光伏发电增加收入2000元，同时建设光伏农业科技大棚，棚下种植苗木、茶叶、菌菇等经济作物，形成光伏农业特色种植区。农户不仅可以享受占地补偿，也可以直接以土地入股参与分红。

大棚育苗

选种

科教扶贫就是通过大力发展贫困地区的科技教育事业，据以解决智力性贫困问题。在旷日持久的扶贫工作中，商都县始终把发展农村牧区的教育事业纳入扶贫开发的总体规划优先考虑，确保贫困家庭的在校生从义务教育阶段一直到接受高等教育均要顺利完成学业。在2016年春季学期，全县共落实教育扶贫资金690多万元，其中小学生868人，每人每学期资助1095元；初中生503人，每人每学期资助1230元；高中生403人，每人每学期资助2425元；职高生311人，每人每学期资助2175元；大学专科459人，每人每学期资助5000元；大学本科277人，每人每学期资助5000元。

就业扶贫就是通过改变农村劳动力结构，为农村剩余劳动力开辟新的就业领域。主要实现途径：一是向二、三产业转移；二是向小城镇转移；三是通过劳务输出，开辟农民新的就业领域，促进农村经济发展、缩小城乡差别和工农差别。同时坚持以市场为导向，以资源为依托，以效益为中心，大力发展企业加基地、基地加农户的产业化经营模式，不失时机地组织引导农牧民进入流通领域，有效地促进了农畜产品的流通，带动了商品经济的发展。

移民扶贫就是采取插花搬迁与整村搬迁相结合的方式兴建移民新村，其中2016年计划搬迁2600人，目前已基本完成。另有就地安置的968户（2252人），其主房、配套设施及公共服务部分也已经基本完工，

城内安置的138户（348人）也正准备入住。与此同时，商都县还结合"美丽乡村建设"和小村整合工作，坚持针对有劳动能力且有培训意愿的贫困人员，分批次进行电工、焊工、汽车修理工、月嫂、护工保姆等各类工作岗位进行技能培训，据以扶持那些已经失去基本生产、生活和生存条件的贫困地区（贫困人口）彻底走出贫穷落后的局面。

政策扶贫就是按照国家出台的

社区干部为贫困户发放救济金

相关政策，通过精准识别，建档立卡，在全县筛查出需社会保障兜底的贫困人口共计6604人，其中享受最低生活保障的有5403人，享受五保的有22人，享受现金直补的有1179人。在此基础上，由民政部门牵头，为认真做好精准扶贫开展了建档立卡"回头看"工作，确保对政策扶贫对象的精准识别，确保在"十三五"期间全面实现小康目标。

亮丽风景

HUASHUONEIMENGGUshangduxian

亮 丽 风 景

LIANGLIFENGJING

这是一个激情飞扬的时代，这是一个万众创新的时代。在走向未来的征程中，勤劳勇敢的商都儿女将一如既往地坚持以解放思想为先导、以深化改革为动力，继续拼搏进取、再创辉煌。

商都的明天更美好

党的十八大以来，商都县结合开展群众路线教育实践活动，坚持按照"党员干部受教育，科学发展上水平，人民群众得实惠"的总体要求，以"坚持科学发展、实现富民强县、构建和谐商都"为载体，突出"实践"特色，强调创新发展，真正做到了两手抓、两手硬。

商都县的经验和做法大致可以概括为以下五个方面：

（一）提高本领抓学习。习近平总书记指出：贯彻党的群众路线，"知"是基础是前提，"行"是重点是关键，必须以知促行，以行促知，做到知行合一。可见学习乃是教育实践活动的首要环节。因此为实现中华民族伟大复兴的中国梦，为商都人民早日脱贫致富达小康，县委一班人坚持带领全县广大党员干部认真学习领会习总书记视察内蒙古时的重要讲话精神、学习领会十八大以来党中央制定的重大战略决策和习总书记系列讲话精神、学

水漩公园

习先进人物典型事迹和反腐倡廉警示案例等等。特别是在干部理论学习活动中，商都县分别采取集体学习、个人自学、中心组学习、聘请党校教师讲课、主要领导亲自授课、举办培训班和读书会等形式，进一步增强理论学习的自觉性、主动性和创造性，使广大党员干部和社会各界吃透基本精神，把握核心要义，明确重点任务，切实把学习贯彻自治区第十次党代会精神和乌兰察布市委第四次党代会精神转化为建设更加繁荣富裕更加美好和谐的新商都的具体实践。

（二）破解难题谋发展。在工作实践中，商都县牢固树立"大发展小困难、小发展大困难、不发展最困难"的创新发展理念，坚持按照自治区第十次党代会精神和乌兰察布市第四次全委扩大会议精神，高举中国特色社会主义伟大旗帜，紧密团结在以习近平同志为核心的党中央周围，深入贯彻习近平总书记系列讲话精神和治国理政新理念新思想新战略，要切实做到守望相助、团结奋斗、一往无前。为了把祖国北部边疆这道风景线打造得更加亮丽，商都县坚持在第一产业发展方面以建设农牧业龙头企业原料基地为目标，大力促进农牧业现代化和工业化深度融合；在第二产业发展方面，以打造新型产业示范基地为目标，全面优化产业结构、促进产业升级，努力做大做强绿色农畜产品加工业、大力发展高新医疗科技产业、全面提升矿业（建材）

和自生釉陶瓷产业，不断培育壮大清洁能源产业，不断提高工业化水平，同时围绕经济、社会、生态、文化、旅游和基础设施建设，全面开展招商引资工作；在第三产业发展方面，坚持按照"四条线、十个景区"的旅游规划，积极寻求有实力的投资商，紧紧围绕"四个一"基地建设框架，积极培育发展现代服务业。

（三）落实制度求实效。开展"两学一做"教育实践活动不仅要内化于心，外化于行，而且要固化于制。在全面建设小康社会的新形势下，广大党员干部坚持按照商都县《关于贯彻落实中央"八项规定"的实施意见》和"一岗双责"要求，严格执行《建立健全惩治和预防腐败体系2013—2017年工作规划》，时刻关注"小事"、时刻留心"小处"，

切实筑牢拒腐防变的防线，不断推动党风廉政建设和反腐败工作取得新成果

（四）改进作风树形象。聚焦作风建设、集中解决四风问题，是基层党建工作的中心环节和主要任务。商都县按照"照镜子、正衣冠、洗洗澡、治治病"的总要求，努力清扫党员干部作风上的尘埃，使干部队伍保持旺盛的生命力和坚强的战斗力。在整改过程中，首先认真学习贯彻《关于新形势下党内政治生活的若干准则》和《中国共产党党内监督条例》，深入开展机关纪律作风整顿，不断增强各级干部的发展意识、大局意识、责任意识、服务意识、效率意识和廉政意识；同时进一步优化服务环境，着力解决"门难进、脸难看、事难办"问题。

城市夜景

特别是在持续推进副科以上干部"一对一"帮扶贫困户活动中,广大党员干部坚持以面对面倾听呼声、心贴心接触交谈、实打实解决诉求为主要内容,少说"不能办",多想"怎么办",牢固树立敢闯敢干的担当精神,全面开展党员干部联系服务群众的党建"实心工程",使广大干部职工自觉秉承认真、执著、勤恳的工作态度,切实做到不怕事不出事不误事。

(五)改善民生促和谐。商都县借助新农村建设和"五城联创"工作,把改善民生和践行社会主义核心价值观融入文明城市创建的各个环节,切实提升广大人民群众的思想道德素质和社会文明程度,为

统筹推进"精准扶贫"战略布局,为打造祖国北疆亮丽风景线提供了强有力的道德保障和精神动力。

今后,商都县将会按照自治区第十次党代会提出的"六个必须"(即:必须坚持坚定正确的政治方向、必须紧紧扭住发展这个第一要务、必须深化改革扩大开放、必须坚持以人民为中心的发展思想、必须高举各民族大团结旗帜、必须加强和改善党的领导),继续坚定不移地在思想上衷心拥护核心,在政治上坚决维护核心,在组织上自觉服从核心,在行动上始终紧跟核心,一定会更加紧密地团结在以习近平同志为核心的党中央周围,更加坚定地维护以习近平同志为核心的党中

央权威，更加自觉地在思想上政治上行动上同以习近平同志为核心的党中央保持高度一致，更加扎实地把党中央的各项决策部署落到实处，奋力开创商都县"精准扶贫"和"五城联创"工作新局面。

在"精准扶贫"和"五城联创"工作中，全县上下一定要心往一处想劲往一处使，要重点围绕乌兰察布市委提出的发展"四个农牧业优势产业"、壮大"六个工业支柱产业"、构筑"六个基地"、打造"三个中心"、培育"六个新兴服务业"、打胜"两场攻坚战"的战略部署，始终坚持高标准起步、高质量创建，确保达到如下创建目标：

首先要以创新发展理念引领经济发展的新常态，要以供给侧结构性改革为主线，以建设新型化工基地、绿色农畜产品生产加工基地和新兴产业园园区为抓手，着力转变发展方式、转换发展动能，打造新引擎、构建新支撑，努力走出一条质量更高、效益更好、结构更优、后劲更足的经济社会发展新路子。

同时要在不断巩固创建成果的基础上，重点锁定国家园林城市、国家卫生城市、国家食品安全城市等目标率先实现提档升级；要有计划、有目的地邀请主管创建工作的上级领导和有关专家模拟测评，要积极采取互查、自查、发放问卷等多种渠道进行查漏补缺。

特别是中心城镇一定要在现有

城中村改造项目

基础上继续上台阶、上水平。年度创建工作要重点针对测评体系中的农村部分（约占50%左右）集中打歼灭战。要确保民众满意度达到80%以上（按照工作重心要求，70%~80%为及格）。同时要对诸如汇报材料、音像档案、网络渠道、测评现场等各方面进行认真细致的排查，随时准备迎接上级的测评和检验。总之要力争通过三年努力，使商都县一举进入第五届全国文明城市行列。

其中在建设廉洁高效的政务环境方面，要全面加强对广大干部职工的理想信念教育，要切实做到党风廉政建设和反腐败教育的常态化和制度化；并且要建立健全政务公开制度、抓好政务行为规范，不断完善党政领导来信来访制度和行之有效的回复处理机制，同时要利用政府网站有效开展公共服务咨询活动。

在建设公平公正的法治环境方面，要重点抓好三项工作：一是全面开展法治教育进机关、进社区、进学校、进企业、进乡村牧区等主题实践活动，同时要积极开展普法宣传和法律援助工作；二是依法保护老年人、妇女儿童及进城务工人员的基本权益，全面加强公民合法权益保护工作；三是全面加强机关、社区、学校、企业和新经济组织、新社会组织的党群组织建设，不断完善社区居委会和居民代表共同管理社区事务的民主协商制度。

在建设公平诚信的市场环境方面，要重点抓好两项工作：一是加强市场监管，严厉打击走私贩私、假冒伪劣产品（商品）；二是提高窗口行业规范化服务水平，全面公开服务质量和标准，建立高效快捷的投诉处置机制。

在建设健康向上的人文环境方面，要重点抓好以下六项工作：一是制定具体实用的市民文明守则，切实加强公民的文明意识和法治意识；二是抓好国民教育，强化学校管理，促进义务教育均衡发展，确保人均教育经费支出水平稳定增长；三是构建现代公共文化服务体系，全面提高公共文化服务水平；四是抓好科学普及工作，坚持开展经常性的科技、文化、卫生"三下乡"活动；五是广泛开展民族团结进步创建活动；六是要确保公共场所道德秩序良好、人际关系融洽、文明交通蔚然成风。

在建设舒适便利的生活环境方面，要重点抓好以下五项工作：一是抓好改善城乡群众生活水平等社会保障工作，全面推动和促进转变经济发展方式、拓宽创新发展理念等舆论宣传工作；二是抓好公共设施与公共交通建设，确保城市辅助设施及街巷基础设施健全完善；三是确保主要街道和重点地区面貌整洁、管理规范、运行良好、秩序井然；四是抓好医疗卫生保障工作，确保社区卫生服务机构健全完善，确保经营性公共场所卫生状况和城市饮

用水水源卫生全面达标；五是抓好社会保障，确保社会救助体系健全，要将住房保障制度纳入经济社会发展规划，要确保将零就业家庭占家庭总数比例掌控在自治区年度控制目标之内。

在建设安全稳定的社会环境方面，要重点抓好四项工作：一是强化社会治安综合治理，做好社会治安防控体系建设和城市重要场所的安全保障工作；二是依法加强食品药品安全监管，严格实行食品药品经营许可制度；三是搞好安全生产

冰雪消融

宣传，贯彻落实安全生产法规政策；四是抓好突发公共事件应急处理，完善应急预案，建立健全防灾、减灾、救灾协调领导机制。

在建设可持续发展的生态环境方面，要重点抓好三项工作：一是大幅提高建成区绿化覆盖率和人均公园绿地面积；二是全面实现生活垃圾无害化处理、危险废弃物安全

处置以及空气质量监察和城市水环境监测水平的同步提高；三是严格限定地表资源开发准入条件，依法打击毁坏林木、违规采矿等破坏植被的不法行为。

在建设有利于青少年健康成长的社会文化环境方面，要重点抓好以下八项工作：一是抓好乡村少年宫建设，要切实做到管理制度健全、活动项目丰富、经费保障有力、专（兼）职辅导员队伍相对稳定；二是抓好学校周边环境整治及网络环境净化工作，要坚决取缔"黑网吧"，杜绝未成年人涉足经营性网吧；三是抓好"爱学习、爱劳动、爱祖国、爱家乡"主题实践活动，全面实施中小学师德师风建设工程；四是抓好对进城务工人员子女的教育，保证进城务工人员子女平等接受义务教育；五是组织好社会主义核心价值观教育，确保未成年人能够熟知并背诵"三个倡导"；六是组织好重要时间节点诸如瞻仰烈士陵园、参观爱国主义教育基地，举办入队入团仪式、成人礼仪，开展中华经典诵读等各种有益于未成年人身心健康的活动；七是建立健全学校、家庭、社会三结合教育网络；八是整合教育、文化以及各社会团体等部门力量切实抓好常态化工作，形成全社会齐抓共管的良好氛围。

在建设现代公共文化服务体系方面，要积极引导文化体制改革，进一步实现政府职能转变。要以政府政策和公共财政为支撑、以保障基本公共文化服务为基础、以文化体制改革和科技创新为动力、以塑造时代精神和弘扬社会主义核心价值观为目标，充分发挥市场资源配置和多元社会力量的积极作用，科学运用现代传播方式，全面构建政府主导、社会多元参与的现代公共文化服务体系。

在公共安全体系建设方面，要坚持从人民群众反映最强烈的问题入手，高度重视并切实解决公共安全面临的一些突出矛盾和问题，要着力补齐短板、堵塞漏洞、消除隐患，着力抓重点、抓关键、抓薄弱环节，不断提高公共安全体系的水平和质量。同时，维护公共安全体系，一定要把基层一线作为公共安全的主战场，要坚持重心下移、力量下沉、保障下倾，全面实现城乡安全监管执法和综合治理的网格化和一体化；要构建公共安全人防、物防、技防网络，实现人员素质、设施保障、技术应用的整体协调。一定要牢固树立安全发展理念，扎实做好公共安全工作，努力为人民安居乐业、社会安定有序、国家长治久安编织全方位、立体化的公共安全网络。

在城乡环境整治方面，要重点抓好以下三项工作：一是全面提升城市绿化水平，确保建成区的绿化覆盖率、绿地率、人均公园绿地面积大幅提高；二是全面加强环境质量监管，确保生活垃圾无害化处理和危险废弃物的处置、城市污水处理率、空气质量检测、城市水环境功能区水质检测、工业企业污染防治水平得到全面提高；三是进一步加强土地资源管理，依法开展对耕地、林地和矿产资源的保护工作。

在生态文明建设方面，要以建设国家园林城市为基点，坚持从科学的城市建设、城市管理理念出发，采取"点、线、面"全方位推进的做法，全面拓展以通道、沿河及环城为纽带的线状绿化带，全面提升以京津风沙源治理、阴山北麓生态安全屏障建设以及湿地保护等生态建设工程为重点的林草覆盖率；同时要在已有的"军民义务植树基地"基础上全面打造提升不冻河风光旅游区的生态景观和文化品位，要通过河道进行综合治理，将原来的臭水沟、乱石滩改造成风光旖旎的风景区。要通过对城区及周边地区绿化美化和生态建设达标晋级工作使七台镇成为祖国北疆一张叫得响的对外宣传名片。

在全面建成小康社会的伟大历史进军中，全县广大干部群众将一如既往地牢固树立"五大发展理念"，不断增强政治意识、大局意识、核心意识和看齐意识，继续高举中国特色社会主义伟大旗帜，守望相助、团结奋斗，不断开创决胜全面建成小康社会的新局面！

南湖湿地之碧水蓝天

后　记

时光如水，岁月如流，经过半年多时间的加工润色，《话说内蒙古·商都县》很快就要与读者见面了。一想到艰辛的努力最重要正果，便很想借此机会再讲几句的题外话。

要写一点讲述商都历史变迁的文字一直是我的夙愿——况且具体到一个除了舞文弄墨之外又别无所长的书生而言，最有意义的事情不就是疏通商都历史发展的脉络、厘清商都薪火相传的历史沿革、塑造好商都与时俱进的历史人文形象，进而为提升商都的知名度和影响力舞好"文"弄好"墨"吗！

不过需要说明的是，除了想要立志报效家乡父老之外，真正打动我并使我付诸行动的其实是一本名为《六十年代生人成长史》的通俗读物。或许是这本书所叙写的内容与我的个人经历太过接近的缘故，故而翻开目录就有一种莫名的亲近感。加之这本书图文并茂、形象直观，不知不觉中就触动了我的写作激情和灵感。于是从此之后我就开始留心收集有关商都地区历史文化发展的文字与图片，经年之后居然积攒起一大摞。

然而单有激情和灵感还是远远不够的，真正促使这本书由理想变成现实的原动力其实是内蒙古人民出版社《话说内蒙古》项目部的张钧老师。他时常打电话询问编写进度、与我一同探讨编撰思路，这就无异于为我架起了一座穿越理想时空的高架桥。

此外，为编著本书立下汗马功劳的领导和同志还有原商都县志办的魏兆、张新民、胡有民，以及察哈尔文化研究促进会的潘小平、钢土牧尔等人。上述同志无论在稽考史实、订正讹误还是在帮助解疑释惑等诸多方面均提出许多弥足珍贵的意见和观点。

行文至此，忽然想起了德国思想家斯宾格勒讲过的那段话："历史的必然性所安排好的任务最终将由个人来自主完成（或者非其所愿地来完成），区别之处仅仅在于：愿意的人是命运领着走，而不愿意的人则是被命运推着走。"其实从某种意义上讲，历史不就是一连串瞬间镜头的无序组合吗！所以只要沿着商都历史文化发展变迁的轨迹一路追寻，就不难体察到这种历史必然的真实再现。

2017年9月薛万元识于缘源斋